AF209232

Covergestaltung / Satz / Layout:

Clarissa van Amseln &
Peter Kubala
(E.Mail: amsel@q-nst.de)

Weiteres Bildmaterial:
Pixabay

*Dieses Buch ist
Nicole Rajenne gewidmet,*

*Rajans Herzenskönigin, geliebten Frau
und Begleiterin ins Samadhi*

*In tiefer Liebe und Dankbarkeit
für eine wunderbare Zeit
in diesem Leben und auf ewig*

*Denn der Königin des Lebens
in der Ur-Liebe der Schöpferin,
verdanken wir alles.*

Danke!

Impressum

Bibliografische Information der
Deutschen Nationalbibliothek:
Die Deutsche Nationalbibliothek verzeichnet diese
Publikation in der Deutschen Nationalbibliografie;
detaillierte bibliografische Daten
sind im Internet über
dnb.dnb.de abrufbar.

Die automatisierte Analyse des Werkes, um daraus Informationen insbesondere über Muster, Trends und Korre-
lationen gemäß §44b UrhG („Text und Data Mining") zu
gewinnen, ist untersagt.

© 2024 Manfred Wollinger
Erste Auflage Oktober 2024

Verlag:
BoD • Books on Demand GmbH,
In de Tarpen 42, 22848 Norderstedt
Druck:
Libri Plureos GmbH,
Friedensallee 273, 22763 Hamburg
ISBN: 978-3-7583-5092-4

NICOLE & MANFRED WOLLINGER

RAJENNE & RAJAN AS-SAMAD

Erkenne, wer Du wirklich bist
Wanderer auf dem Weg ins Samadhi
Ein Königsweg zum Frieden

Inhaltsverzeichnis

Samadhi
Dem Unendlichen ohne Streben begegnen

Vorwort

Und es begab sich, dass zwei Erzähler ein Dorf besuchten, eines von vielen auf ihrer langen Lebensreise. Plötzlich tauchten sie auf und stellten ein Zelt auf, luden die Bewohner des Dorfes ein, ihren Erzählungen zu lauschen.

Rajenne ist eine weise Frau und Heilerin und die reine Liebe, mutig, beharrlich, still und in tiefer, fröhlicher Demut. An der Seite von *Rajan* geht sie auf die Reise, um viele Menschen in ihr wirkliches Herz und in ein neues, befreites Leben zu begleiten und sie noch stärker zu machen.

Rajan nannte sich der Mann, ein *König. Raja(n)* ist ein alter Begriff im *Sanskrit* von einem Menschen, der es wagte, seinen Königsweg zu gehen und andere einzuladen, auch ihren Weg zu innerstem Frieden in das *Sein zu gehen*, in die wirkliche Heilung in der Rückbesinnung des kaum beschreibbaren, doch erfahrbaren All-Einen.

Rajenne & Rajan haben ein Leben lang gesammelt; Weisheiten, Wahrheiten, Geschichten aus aller Welt, auch aus der eigenen, inneren; Lehren aus vielen Kulturen, wunderschöne Eindrücke aus vielen Ländern und sie möchten sie mit Euch teilen.

Auch die Autoren dieses Büchleins, *wir fühlen uns als Rajenne & Rajan as-Samad.* Ein paar unserer Geschichten, eine Essenz unserer eigenen Geschichte, beschreiben wir hier; andere in unseren Bildbänden und anderen Büchern.

In der Universellen Medizin der Hl. Hildegard von Bingen, stehen unsere Namen für: *In Hoffnung und Vertrauen leben, Vorbild sein, Gegensätzliches in Einklang bringen und fest im Leben stehen.* Die Medizin Hildegards ist wohl auch eine der vielen detaillierten Beschreibungen in die Welt der Wirklichkeiten und des *Samadhi.* Täglich, im Hier und Jetzt, in der Ausübung eines freien Willens in der Entscheidung, den eigenen Tempel zu ehren.

Samadhi ist ein Begriff des Hinduismus, Buddhismus, Zen, Jainismus, Sikhismus und anderer indischer Lehren. *Samadhi* bezeichnet einen Bewusstseinszustand, der über Wachen, Träumen und Tiefschlaf hinausgeht und in dem das Denken und Diskutieren aufhört. Es wird als ein völliges Aufgehen in dem Objekt beschrieben, über das meditiert wurde.

Samadhi ist jene *Erleuchtung*, die achte und letzte Stufe des *Yogawegs* nach *Patanjali* sowie der Gipfel all unserer Bemühungen: eine magische Verbindung aus Körper, Geist und Seele – und dem *Großen Ganzen*, ein „Zustand jenseits von Polarität und Dualität". *Samadhi* führt aus Voreingenommenheit als Folge unserer Erfahrungen und Konditionierungen heraus und lässt uns einem wirklichen Leben so begegnen, wie es ist und sein kann, nicht wie es zu sein scheint und angeblich sei. Eine „Welt", ein Zustand, jenseits von Zeit und Raum, wie wir sie in unserem begrenzten „Wissen" kennen.

Samadhi meint eine Wahrheit hinter allen Gedanken, Konzepten, Formen, Symbolen, Konditionierungen, Glaubens- und Verhaltensmustern, hinter allem Gelernten, Anerzogenen, Selbstkreierten. *Ein Bewusstsein in der Vereinigung von **allem**, in der Ver-Wirklichung all unserer Fähigkeiten, was wir in unserem Selbst wahrhaftig sind. Ein Bewusstsein hinter allem, was zu sein scheint und was uns oft hindert, uns vollständig zu leben. Ein Bewusstsein, in dem alle Zeitlinien und Raumvorstellungen miteinander verschmelzen, in dem Ursachen und Wirkungen nur als Möglichkeiten gespeichert sind und selbst wir wieder zur Quelle aller möglichen Gestaltungwege werden.*

Menschen erfinden gerne Erklärungen für die Erscheinungsformen und kommen so zu sehr unterschiedlichen Ergebnissen, die sie zu endlosen Diskussionen veranlassen. Immer mehr verlieren sie sich in Irrwegen, die sie beschäftigen, gelangen jedoch nicht in den Ruhepol des *Tao*, jenseits des *torlosen Tores,* in einer immerwährenden, universellen Spirale, nicht auf den Weg zu ihrer Quelle. *Samadhi* ist unsere Quelle für alle sinn- und freudvollen Lebenslösungen, die nie unserem Kopfkino entspringen können; dies kann Lösungen für unser praktisches Leben zeigen, die wir mit den gelernten Mechanismen niemals ins Leben rufen können.

Samadhi ist somit die Quelle einer echten, bio-logischen, ehrlichen und authentischen Lebenspraxis, welche alle Bedürfnisse, Absichten und Ziele aller er-

füllen kann, wenn sie sich diesem großartigen Feld widmen. Die Wege dazu scheinen uns aus einem gewohnten Blickwinkel heraus erst einmal „irr-sinnig"; aus einer erweiterten Sicht zeigen sich die Wege als Fügung, über die wir uns gerne wundern und freuen dürfen.

Wer das angeblich Unmögliche in seinem Leben erkennt und anerkennt, kann Zukunft in einem neuen Miteinander neu gestalten und allen tieferen Bedürfnissen und Bedarfen gerecht werden; nicht als einzelner Verantwortlicher für alle und alles, sondern als Teil eines Großen Ganzen, einer Kosmischen Symphonie, aus einer Gemeinschaft mit den Menschen um sich herum im ganzen Feld; jeder trägt seinen Teil zum Gelingen eines Ganzen bei, weil er sich in seinen tiefsten Anliegen, in allen Lebensbereichen, wahrgenommen und respektiert fühlt und weiß. Ein jeder wird mehr und mehr zu einem selbstverantwortlichen, freiwilligen Zusammenarbeiter an einer größeren Vision, die bio-logischen, kosmischen Gesetzen folgt und somit größtmögliche Zuverlässigkeit und Beständigkeit erlaubt. Jeder spiele sein eigenes Instrument so gut er kann in diesem großartigen Konzert.

Und da wollen wir doch alle hin: zu maximaler, vertrauensvoller Zusammengehörigkeit, Verbundenheit in einem gemeinsamen großen Ziel. In uns selbst, in allen Familien, in allen Unternehmen, in allen Gesellschaften.

„Om mani padme hum"
Erkenne das Wesen des Lotus in Dir und in allem,
was war, ist und wird

Erkenne das Absolute, das überall ist, in absoluter Geborgenheit, jenseits von Zeit und Raum; es ist das Nichts, jenseits von Polarität und Dualität. In dieser oft befürchteten Dunkelheit liegt ein Zentrum, das überall ist – und alle Möglichkeiten von Grund an neu entfalten kann. Das ist die Chance auf einen Neubeginn überhaupt, wenn nichts mehr funktioniert, wie geplant.

Nichts in diesem Zustand von *Samadhi* kann uns dann mehr irritieren, unseren Geist auf unheilige, nicht heilsame, Wege leiten. Im *Samadhi* sind wir jenseits von einem Selbst und einem Nichtselbst, jenseits eines „Ich", jenseits von Zeit, Raum, von einem begrenzten Verstand festgelegter Bedeutungen, von Stille und Bewegung. In diesem Zustand sind wir an einem Pol, in dem Ruhe *und* Bewegung ihren Ursprung haben. Für alles, was nach den Gesetzen der Biologie funktionieren kann. Nur dies verdient unser wirkliches, tiefstes Vertrauen!

Das kann für jede Egostruktur erst einmal erschreckend wirken; sind es doch die Wächter des Ego und des Verstandes, der Gewohnheiten, der Fremdbestimmungen und Konditionierungen u.a., die uns Angst machen wollen; an den Toren, die wir auf dem Weg ins *Samadhi* durchschreiten lernen, um alle Ängste und Widerstände eines menschlichen Lebens überwinden zu lernen.

> *„An Wunder glaubt nur der,*
> *der die Natur noch nicht verstanden hat"*
> *(Hl. Augustinus)*

Glauben ist nicht unser Gewissen, das uns immer verstandesmäßig einen vordergründig komfortablen Weg suchen lässt. Glaube wird im *Samadhi* zu einem Verharren in einer tiefen Stille, ohne irgendetwas begreifen zu wollen; weil sich in dieser Stille die Kosmische Klarheit von alleine zeigt; ohne sich dafür zu schämen, diese Sisyphusarbeit in menschlichen Leistungsansprüchen ohnehin nie schaffen zu können.

Glauben bedeutet, sich seiner vollkommenen Fähigkeiten bewusst zu sein, in aller Fülle in sich selbst an sich zu glauben; Samadhi ist die vollständige Akzeptanz einer Ur-Menschlichkeit, im Erkennen all ihrer angeblichen Einschränkungen und Herausforderungen, die er sich selbst erschaffen hat - und ihre Überwindung

– durch den *Akzep-Tanz* des angeblich Unmöglichen im „Raum aller Möglichkeiten".

Im *Samadhi* beginnt wirkliche Freiheit von allen *gewohnten* Begehrlichkeiten nach Geborgenheit, Sicherheit, ja sogar Orientierung an Äußerem, und lässt uns Geschenke des Lebens erkennen, die aus einer kaum begreifbaren Quelle heraus für uns bereitliegen. Verstehen können wir das kaum, doch es zu erleben mögen wir uns erlauben. Und dann sind wir reich beschenkt.

Erleuchtet sind wir, wenn wir selbst eine vermeintlich grauenhafte Dunkelheit mit dem Licht der Erkenntnis füllen, dass wir dem *Samadhi* dienen, ohne das Recht auf Individualität in unserer Verständniswelt zu verlieren; mit einem tiefen Lächeln, das unsere Umgebung mit einem ehrlichen Verständnis beschenken kann. In reiner Liebe und Annahme von allem, was und wie es ist, nicht wie es erscheint. Die Quelle allen Seins ist völlig formen- und gegenstandslos, es ist die Leere oder die Stille selbst. Als Quelle von allem, was uns auch als Menschen möglich ist, das Meer und die Quelle aller Möglichkeiten, die wir noch nicht kennen, die wir mit Vorfreude erwarten dürfen. Das ist Erinnern, Erleuchtung, Glück, *Weihnachten*.

Erinnern, genießen und bewahren wir uns diese kindliche Unbefangenheit. Es ist das Wiedererwachen eines unpersönlichen Bewusstseins, das wir bewusst und dankbar als wirkliche Heimat annehmen dürfen. Mit einem tiefen Verständnis für unser menschliches Verhalten auf diesem Königsweg.

Lernen wir, einjeder selbst, ihn zu gehen. Deine Seele träumt einen Traum von Dir – einzig von Dir, als wertvoller Teil des Großen Ganzen. Gönne Dir, das angeblich Unveränderliche zu erkennen, ohne sich ihm ausgeliefert oder minderwertig zu fühlen, sondern lasse Dich zu einem eigenen „Polsprung" motivieren – eine Dämmerung Deiner wirklichen Quelle und Deines wahrhaftigen Seins. Lass alle Vorstellungen los, damit sich Dir *Samadhi* zeigen kann.

Gehen wir zusammen in diesen oft schwierig erscheinenden Tagen der Welt gemeinsam zurück in unseren eigenen wahren Wesenskern, in unsere eigene und in die große gemeinsame *Quelle*, hinaus aus dem Konstrukt, das wir *Identifikation* nennen.

Lasst uns unsere eigene Schöpferkraft erkennen, unsere Schattenwelt der Konstrukte gemeinsam einfach verlassen; erschaffen wir eine neue Welt, die uns wirklich entspricht, aus uns selbst spricht und dem *Samadhi* näherkommt. Wir erschaffen die neue Wirklichkeit bereits damit, dass wir sie als bereits gegeben und existent anerkennen. Die später folgenden Übungen werden Dich auf diesem Weg gut begleiten.

Folgen wir dem Wahlspruch:

> *Lasst uns gemeinsam das angeblich*
> *und vermeintlich Unmögliche*
> *zum Selbstverständlichen erklären,*
>
> *damit sich das Machbare,*
> *das aus uns selbst heraus Wirksame,*
> *in jedem Schritt auf unserem Weg*
> *zeigen kann*

AS - SAMAD

DAS ABSOLUTE, DIE ZUFLUCHT

HINTER UND ÜBER ALLEN
ERSCHAFFENEN DINGEN
IST EINE ALLUMFASSENDE GEGENWART,
EINE SCHÜTZENDE HAND, DIE UNS
HÄLT,
WENN WIR ZU FALLEN GLAUBEN

WER MIT SAMADHI,
DEM GEIST VON AS-SAMAD,
VERBUNDEN IST,
IST EINS GEWORDEN
MIT DER UNENDLICHKEIT

ER ERKENNT, WER ER WAR UND IST

Die Reise

Es war vor langer Zeit, noch zu Beginn ihrer Reise durch diese und andere Welten. *Rajenne* und *Rajan* waren noch recht jung, mutig, unbekümmert und schlenderten einen Weg entlang, Es war in Indien, es war warm, die Hitze flimmerte über die Landschaft und von Ferne sahen sie einen Ort in einem sanften Tal.

Ihr Zelt auf einem Karren, ein paar wertvolle Habseligkeiten, für sich allein und es war genug. Ein offenes Herz, Neugierde und ein bisschen Abenteuerlust auf alles, was ihnen begegnen wollte. Einfach nur präsent, offen für Überraschungen und aus dem Augenblick heraus Freude zu bereiten und somit zu haben. Das Leben im Augenblick erkennen und genießen. Stille in ihnen, im Innen wie im Außen eine wohlwollende, neugierige Ruhe erspürend, eine stumme Vorfreude und Erwartung des Neuen. Ohne jede Angst vor Unbekanntem.

Sie spürten die Einladung, an jedem neuen Ort ihren Besuch als etwas Ungewöhnliches zu zelebrieren, sich selbst sein, nicht sich darstellen, ihre Kunst zeigen und die Wirkung beobachten, genießen und lernen.

So kamen sie auf einen Platz, umringt von einfachen Hütten und Häusern, alle sehr einfach und doch genügend, um Herberge zu sein für einfache, ehrliche, klare und liebenswerte Menschen.

Sie liefen gemächlich über den Platz und sahen das eine oder andere Kindergesicht in hohlen Fensterrahmen. Erst ungläubig, dann neugierig, kamen sie langsam auf den Platz zu ihnen heraus; und es wurden immer mehr, auch Frauen kamen hinzu. Sie begrüßten einander freundlich lächelnd, sie verneigten sich vor ihnen und stellten sich vor:

„Rajenne und Rajan bedeuten Königin und König der Sonne und der Lebensfreude, stattlichen und friedlichen Löwen gleich." Weil alles besonders, spannend, königlich und wertvoll erscheint, wenn es von weit herkommt und leuchtet… und so kleiden wir uns in einfache, doch farben- und musterprächtige Gewänder, tragen einen leuchtenden Turban und setzen eine bedeutsame Miene auf.

„Und wir nennen uns *„as-Samad"*, weil wir beharrliche Botschafter sind dieses Weges in einen Zustand, in dem alle vermeintlichen Gegensätze und Ungereimtheiten unserer gewohnten Weltsicht aufgelöst sind auf einem Weg ins *Samadhi, der Glückseligkeit mitten in dieser Welt, die man Zuflucht nennt.*

Und wir wollen Euch etwas erzählen, von dem ihr vielleicht noch nie gehört habt oder an das Ihr Euch nun wieder erinnert: von einem wahren *Weihnachten*, der Geburt eines stillen, friedlichen Löwen, der unsere Herzen erobern und uns bewusst werden lassen will, wer wir wirklich sind, wer einjeder von uns wahrhaftig ist. Und von einer neuen Zeit, in der wir uns unserer wahren Seele und unserem wirklichen Sein erinnern und unsere wirkliche Gemeinschaft feiern.

Wir begrüßen jeden, heißen ihn willkommen in einer Gemeinschaft staunender Lauscher. Bei einem Feuer in unserer Mitte lassen sich Geschichten und Märchen mit tiefen, ewigen Wahrheiten erzählen und Mythen lebendig werden, die das Leben bereichern. Sie helfen, das Reine und Ehrliche, das Natürliche und Beschenkende zu erkennen und gemeinsam zu genießen – das Schöne im Leben, jenseits von gewohnten Gedankenkonzepten, in denen man uns Angst machen und unser Urvertrauen stören kann.

Gemeinsam dieses zu teilen kann uns den Klang einer Symphonie empfinden lassen, im gemeinsamen Singen und Tanzen erleben wir uns als Teil eines wunderbaren Großen Ganzen; als Teil jener Kosmischen Symphonie, in der wir eingebettet sind, jenseits von Trauer, Angst und Hoffnung; sondern in der Gewissheit einer großen Ordnung, die weit größer ist als alles, was wir Menschen uns gewohnterweise vorstellen. Und dort sind alle stillen Tränen der Trauer über Vergangenes, vermeintlich Verlorenes und anderes weggespült; es bleibt eine wunderbare Freude über das eigene und das gemeinsame Sein."

Sie stellten ihr kleines Zelt auf und zierten es mit Bändern und einem Schild mit der Aufschrift *Rajenne & Rajan - Tempel der Löwen*. Nun, noch neugieriger geworden, scharten sich immer mehr Anwohner um sie. Und sie setzten sich auf den Boden, wie sie es gewohnt waren und lauschten den Erzählungen. Sollten diese ihnen einen Blick auf eine neue und doch so alte Welt gewähren, Gedanken zu denken und Dinge zu fühlen, die ihnen nicht bekannt waren oder die sie in den Wirren der Zeitenläufte ein wenig vergessen hatten. Schöne Erinnerungen und auch Neues, das einen Blick in eine andere, vielleicht auch bessere Welt geben mochte.

Nicht für ein *Hoffen* auf bessere Zeiten, sondern für eine *berechtigte Zuversicht* und den Wert der Teilnahme eines jeden Einzelnen auf diesem großartigen Weg.

Und so begannen sie zu erzählen:

„Es war im Sommer und in diesem, Eurem Land, gar nicht weit weg von hier. Das ist wichtig, denn die

Geschichte gehört zu Euch, zu uns allen. Und immer dort, wo wir gerade sind.

Lasst Euch berichten von einer Reise, die länger dauert als ihr Euch vielleicht vorstellen könnt, eine Reise jenseits von Raum und Zeit. Wir wollen Euch etwas erzählen von einem Frieden, den wir von einem Jenseits, dem *Samadhi*, einem Himmel, auf die Erde holen möchten, damit wir uns anfreunden mit der unendlichen Reise eines jeden von uns durch Welten, die man uns auf dieser Erde vorenthalten will. Dies hat heute jedoch ein Ende, und ein schönes dazu.

Unsere Erzählungen berichten von einem Weg zu einem Ort, den wir Samadhi nennen und in dem wir uns in absoluter Geborgenheit und Ruhe und Selbst(an)erkennung finden können. Frei von allen Beeinflussungen in dieser Welt. Es ist eine Reise ins Erinnern, wer wir wirklich sind und wie wir hier eine friedfertige Welt erschaffen können. Es sind Botschaften vom Heilwerden und Heilen, von und für uns selbst, für einander und miteinander.

Die *Sajaha Offenbarung* besagt: „Denn alles hat einstmals begonnen im Licht, durchwandert die Dunkelheit und kehrt zum Lichte zurück. So ist all dies unlösbar miteinander verbunden in Raum und

Zeit. Und das Geborenwerden und Sterben eines Menschen auf Erden sind nur Augenblicke seiner Ewigkeit. Dreieinheitlich ist der Mensch: der Geist gibt das Wesen, die Seele die Form und die Gottheit das Leben. Geist-Seele-Leben ist der Mensch. Denn es ist gewiss, dass ein jeder noch eine lange Wanderung (zum Paradies, ins *Samadhi*) vor sich hat, nämlich nach dem Streben hier auf Erden. Dieses Streben gleicht einer Tür, hinter der ein weiterer Weg beginnt. Dieses Erdendasein hier gleicht dem Weg eines Durstigen an die Quelle frischen Wassers. Die Quelle aber erreicht der Wanderer erst in der nächsten Welt. Nicht ein Ende ist also das irdische Streben, sondern ein Anfang, eher ein Abschnitt. Nicht vergehen, sondern ein Werden, nicht Fall, sondern Aufstieg zu lichteren Höhen; zu denen, die zum Hellen sich wünschen. Sturz in das Dunkel aber für die, die das Helle scheuen und die Taten des Bösen tun."

So könnte das Ereignis von *Weihnachten und Wiedergeburt* gemeint sein, denn jedes Wiederkehren in einer neuen Form kann zu einem Erinnern beitragen, woher wir letztlich kommen, wer wir sind und was uns ausmacht. *Reinkarnationen* werden so, in einem linearen Denken von Zeit, zu einem langen Weg in ein *Bewusstsein von Wahrhaftigkeit.* In jedem neuen Leben wächst das Wissen und die Weisheit um den Wert und die Erscheinungsformen von wirklicher

Liebe, von Achtsamkeit, Dankbarkeit und erlaubt mehr und mehr die Befreiung von Konditierungen, der Macht menschlicher Überzeugungen, von Manipulationen und anderem.

Die Reise durch unsere Inkarnationen scheint sich gelegentlich als ein Modell zu zeigen, das sogenannte *demiurgische Kräfte* zeigen könnte, die uns ein einem (bi-) polaren Bewusstsein halten. Der Begriff *demiurgisch* [franz.: demi=halb] weist auf die *Halbierung*, eine Trennungsabsicht hin, auf das Prinzip der Polarität in unserem bisherigen Erdenbewusstsein; *Samadhi* bedeutet, alle Konzepte zu kündigen auf dem Weg in die eigene Vollständigkeit und *göttliche Souveränität*. Als natürlichster Teil der Quelle selbst. Das Erwachen schenkt die Klarheit, dass das hinter aller Polarität liegende Quellenbewusstsein doch längst da ist.

Wir sind nicht mehr auf der Flucht, in der wir wie Pingpongbälle von einer Polarität zur anderen geschubst werden und verzweifelt da herausfinden wollen; wir finden Zuflucht, wieder Heimat, in unserer Quelle, die uns zeigen kann, wie wir dieses Spiel der Leidenswege hier auf Erden beenden können; in dem wir einfach nicht mehr mitmachen bzw. das Spiel dahinter verstehen, das uns beschäftigen, aber nicht glücklich machen will.

Wir erkennen die eigene wahre Geschichte, erkennen in diesem erweiterten Kontext Unstimmiges, können verstehen, einsehen, spüren lernen; auch unsere Fehler und Missverständnisse im Rahmen der Kosmischen Gesetze und sie bereuen, erlösen. Doch - dahinter liegen stille Verträge unter dunklen Mächten, uns in einem kontinuierlichen Schuldbewusstsein zu halten, deren Erlösung wir über viele Inkarnationen dann langsam und mühsam abarbeiten dürfen... Vielleicht geht es ja auch einfacher und schneller...

Doch wir lernen auch so über zahlreiche Gelegenheiten (Leben), aus den unterschiedlichsten Perspektiven, das eigene und das gemeinsame, wirkliche Werden auf dem Weg zum inneren Paradies, zum vollständigen Erleben unserer Lebensreisen und Menschengeschichte, dem Weg zu *Samadhi*, dem Reich Gottes, zu erkennen, ihm ganz und gar zuzustimmen und ihm vollkommen zu vertrauen. Die jeweiligen „Leben" erlauben eine Transformation alter Vorstellungen und Traditionen, wir legen nach und nach alte Schleier ab, die uns vergessen ließen, dass wir Kinder eines einzigen Schöpfers, einer ganz anderen Quelle sind, als wir uns lehren ließen.

Die Quelle kennt keine Zeit, nur der menschliche Verstand. Mit der Erfahrung von *Samadhi* können wir in die Zeitlosigkeit eintauchen und erfahren, dass wir längst dort angekommen sind, wo Verstand und Psyche noch so anstrengend hinwollen... Letztlich erkennen wir, dass wir noch wirklich, in unserer ganzen Tiefe, nie von dort weg waren.

Wir haben eine natürliche Quelle, die nicht den gedachten Konzepten irgendwelcher Kräfte entspricht. Da liegt *Samadhi.* Wir haben das natürliche Recht, unser Leben nach dieser wirklichen, wahrhaftigen Quelle, zu gestalten; dies benötigt keine Reinigungsprozesse über viele Leben und somit auch kein Leiden. Im *Samadhi* kommen wir zu der Erkenntnis, dass letztlich alles in seinem Guten geborgen ist, indem wir die Gegenüberstellung mit einem Bösen verlassen.

Weihnachten, wie wir es sehen könnten und mögen, bedeutet nicht, das gedachte und erwünschte Bewusstsein einer großen Gemeinschaft *zu haben,* sich an einen *Gedanken* gewöhnen zu wollen, dass wir alle miteinander in einer geistigen Welt verbunden sind. Sondern dass wir daraus jeden Tag die Kraft gewinnen, genau dies schon hier und heute zu leben. Dass es sich nicht um eine *geistige, gedachte Dimension* handelt, sondern um die Quelle selbst, die uns die Kraft schenkt.

Wir gehören Christus und unser Körper ist ein Platz in seinem „Tempel". Jede Zelle von uns ist in einer steten Verwandlung, eingebunden in einen kosmischen Gesamtplan von Liebe und Hingabe, den wir Christusenergie nennen können. Dieses Bewusstsein erlaubt, sich in einer kosmischen Symphonie, in diesem göttlichen Bewusstsein geborgen und wertgeschätzt zu fühlen. In tiefer Dankbarkeit, dabei sein zu können und sich erfüllt zu fühlen, weil wir Seine Aufgabe in dieser Welt erfüllen.

Doch wir dürfen erkennen, dass unser Ego da manches Mal noch im Wege steht und dass die ersehnte Erlösung bedeuten könnte, sich von diesem Ego ganz und gar zu lösen. Ego verlässt den Gedanken: ich *bin* ein Körper. Wir *haben einen Körper* und er wurde uns anvertraut, um in diesem kleinen Tempel die große Vision einer Weltgemeinschaft aufzubauen, die Christus entspricht. „Mein Reich ist nicht von dieser Welt", sagt er; und dadurch kann er bei uns sein, „alle Tage, bis ans Ende der Welt"; als weltlicher König könnte er das nicht.

„Das Geringste, was Du Deinem Nächsten getan hast, hast Du mir getan". Er will uns aufmuntern, Gutes zu tun, jede so genannte Kleinigkeit ist gut, wenn sie aus einer dienenden Absicht, aus dem Herzen heraus geschieht. Aus Liebe und Dankbarkeit für das eigene Sein und gleichermaßen für alle anderen Wesen. Dienen ist keine Unterwerfung unter menschliche Hierarchien, ganz im Gegenteil. Unser freier Wille darf wahrgenommen werden, damit wir ihn in Seinem Sinne umsetzen können; konkret, praktisch, einfach, verlässlich. Und wir dürfen in Freude und in einem natürlichen Stolz sein, diesen königlichen Weg Schritt für Schritt gehen zu wollen und zu gehen.

Er ist der Sohn Gottes, göttlichen Ursprungs, „der Vater / die Mutter" allen Seins kann nicht selbst sichtbar werden und wir sollen uns auch kein Bild von ihm / von ihr machen; von Christus dürfen wir uns ein inneres Erlebnisbild machen, eine wichtige Schlüsselerfahrung. *Samadhi* ist eine solche Schlüsselerfahrung, sie verhilft uns in ein wirkliches Fühlen in Verbundenheit mit allem, was geschaffen wurde. Dies lässt uns eintauchen in die wirkliche Ur-Liebe.

Ihr selbst seid das beste Beispiel dafür. Jetzt erweitert Eure Vorstellungskraft weiter und weiter und holt Euch die Gewissheit von *Samadhi* ins Hier und Jetzt, ohne zu leiden und zu kämpfen; es geht um die Kraft der (Selbst-) Bestimmung in tiefer Freude, als kleine und große Gemeinschaft in unserem Alltag, alles gestalten zu wollen, wie es uns Menschen zusteht und möglich ist, wenn wir unser Denken zur Seite schieben; ihr, gerade die Menschen in Indien, der langen Heimat *Christi,* lebt ja schon so vieles davon! Seid stolz darauf und bewahrt es.

Glaubt nicht nur an Wunder, sondern beschließt sie und gebt Euren *Herzenswünschen* die Kraft, *sich zu verwirklichen – und zwar jetzt, in der Welt Eures und unseres Herzens, im Namen und in der Souveränität unserer wahrhaftigen Quelle.* Ohne Wenn und Aber, ohne die Aufmerksamkeit auf weltliche Bedingungen und alle ihre Gedankenkonzepte zu senden, die uns das Ergebnis des bisher Gedachten und Gewohnten zu beachten zwingen wollen. Werdet wie Eure Kinder, lebt Eure schönste Zukunft jetzt, aus ganzem Herzen, nicht im Kopf. Orientieren wir uns am Fühlen der *Samadhi-Wirklichkeit,* nicht an gelernten Einschränkungen.

Nehmen wir die Angst heraus, die uns antrainiert wurde, und die uns zwingen will, angebliche Sachlichkeit und Vordergründiges *alleine* zu beachten, sondern glaubt an die Verwirklichung des angeblich Unmöglichen. Die Welt hat uns in Bedingungen und Lügen eingeschläfert. Christus, die Energie der Erleuchtung, will uns zeigen, dass wir diesen Zustand der Lähmung überwinden können; er heilte, in dem er Menschen half, sich bewusst zu werden, dass sie selbst das Tor zu einem erweiterten, gesunden Bewusstsein und zur Quelle durchschreiten können, wenn sie es aus ganzem Herzen heraus wollen, *im Willen der wirklichen Quelle selbst wollen.*

Das können wir üben, jede Stunde unseres Alltags, miteinander, für einander. Vergeben wir uns selbst den Irrtum, so sein zu müssen, wie Politik, Religion, Wirtschaftssysteme und andere uns vorgaukeln, sein zu müssen. Nur, indem wir den Irrtum als Irrtum erkennen, weil wir falschen „Wahrheiten" gefolgt sind – nicht aus Schuld, die es nicht gibt. Denn das ist wohl des Menschen Weg ins Erwachen, ins *Samadhi,* in das Geheimnis von Wiedergeburt im Sinne von Wiedereintreten in ein ewiges Sein; umwegfrei, wiederholungsfrei, *scham-los,* lernfrei; *In der Quelle erkennen wir alles, dann gibt es auch nichts mehr zu lernen; doch es gilt, einen konkreten Plan, einen eigenen Lebensentwurf zu erkennen, zu formulieren und konkret umzusetzen, damit der Weg gut gestaltet wird.*

Der Tod ist die Erkenntnis des Irrtums und der falschen Darstellungen von Kräften, die uns in der Abhängigkeit der Lüge halten wollen. *Christus,* ein „König nicht von dieser Welt", er zeigt uns den Weg in unsere eigene Verwirklichungskraft, zur Quelle. Ob er dafür leiden musste? Es gibt viele Hinweise, dass dies nur eine falsche Darstellung der Geschichte sein könnte. Jesus soll aus Jerusalem nach Indien gegangen sein, zu euch, und er habe noch fast hundert Jahre unter euch, unter uns, gelebt.

Im *Chilam Balam* („Prophet Jaguar") steht: „Es wird das Ende aller Unterdrückung und allen Unglücks kommen; wenn das [die Erkenntnis, die Erleuchtung] eintritt, werden die Sünden der Häupter der Völker offenbart. Es wird das Ende der Gier und das Ende des Leidens, das sie in der Welt verursacht haben."

Das Chilam Balam bezeichnet eine Sammlung von Texten aus dem 16. bis 19. Jahrhundert, die von einer Versammlung von Propheten stammen soll, die sich einst angeblich trafen, um die Welt und die Zukunft zu erklären. Dies sei in Yucatán, im Reich der Azteken, geschehen. Reinen Schätzungen zufolge, bestehen diese Texte zu zwei Drittel aus der Interpretation europäischer Sichtweisen; auch diese Texte sind, wie alle Texte, die im Nachhinein aufgezeichnet wurden, gefärbte Interpretationen einer unbekannten wirklichen Geschichte; sie entsprechen nie der Wahrheit, wollen ihr jedoch so nahekommen, wie es die menschliche Wahrnehmung ermöglicht.

Alle diese Texte und alle vorliegenden Berichte unserer Geschichtsschreibung entsprechen nur bedingt, manchmal wohl auch gar nicht, einer authentischen Wahrheit. Politische, religiöse, kommerzielle, emotionale Impulse, und andere Interessen mischen sich oft ein, aus Gewohnheit, aus einem Überzeugungs-, Denk- und Handlungssystem ihrer Zeit heraus. Somit: traue nur Dir selbst und Deinem reinen Herzen, wenn Du der Wahrheit im *Samadhi* näherkommen willst.

Schriften bilden nicht die *Wahrheit der Quelle* ab; diese findet sich nur in uns selbst, wenn wir tief ins *Samadhi* eintauchen und erkennen, dass all unser Wissen nur die Interpretation unserer eigenen, oder auch fremder, subjektiver Wahrnehmung und Interpretation ist.

Die Botschaft der *Maya* ist: Wir müssen unsere Ängste ablegen und uns unserer Stellung im Universum wieder bewusst werden. Die Menschen werden dann wiedererkennen, dass sie alle ein Teil eines großen und einen Organismus´ sind." Das Leben ist unser ganz eigener Weg ins *Samadhi. Me agape - ich gebe mich dem Großen Geist im großen Torus hin. Frei und willig.*

Die *Akasha Chronik* gilt als *Astralbild aller Weltenereignisse*, eine Art *Weltengedächtnis*. Das Lesen der *Akasha-Chronik* sei nach manchen Quellen zuverlässiger als eine Geschichtsbetrachtung, die sich auf Interpretation überlieferter Dokumente stützt. Niemand kann sagen, ob die *Akasha Chronik* das wirklich Wesentliche enthält; in ihr finden wir ein Produkt unseres Geistes und unseres jeweiligen Bewusstseins. Es kann jedoch nur Informationen freigeben, die es geben kann. Irrtümer sind somit sowohl in ihren Ursachen als auch in deren Wahrnehmung möglich. *Wahr-Nehmung* ist somit immer auch eine *Wahr-Gebung*, aus einer menschlichen Betrachtung und Interpretation heraus; das ist menschlich.

Die *Bhagavad Gita* beschreibt *Arjuna* voller Kummer und Verwirrung auf dem Schlachtfeld von *Kurukshetra*. Er sieht seine Geliebten auf beiden Seiten eines Kampfes (zwischen den Polaritäten, unsere täglichen Konflikte, Herausforderungen, Kämpfe), verbunden mit einem schweren moralischen Dilemma. *Arjuna* ist von Mitgefühl, Verwirrung und Zweifel überwältigt und bittet *Lord Krishna* um Führung. *Arjuna* erträgt nicht das potenzielle und das gelebte Leid, Trauer erfüllt ihn, sein Geist ist durch Anhaftungen und Angst getrübt, was ihn daran hindert, das Gesamtbild zu sehen und seine Pflicht als Krieger zu verstehen.

Lord Krishna, der göttliche Wagenlenker und die Inkarnation Gottes, vermittelt *Arjuna* seine Weisheit und zeigt ihm die wahre Natur des Lebens und den Zweck seiner Existenz.

Es geht darum, für Gerechtigkeit zu kämpfen, ohne an den Ergebnissen festzuhalten. Er betont die Vergänglichkeit des physischen Körpers und die ewige Natur der Seele. *Krishna* betont, wie wichtig es ist, seine Pflicht in der Welt, bekannt als *Swadharma,* zu erfüllen, ohne sich von Emotionen oder persönlichen Wünschen beeinflussen zu lassen. Wir dürfen, sollen und müssen letztendlich unsere eigenen Wünsche, unsere Eigensinne und das Ego in diesem Göttlichen Willen auflösen, erlösen und selbstlos für das Wohlergehen aller Wesen handeln.

Alles in der Zeit hat seinen Ursprung im „*Ewigen*". Das Ewige ist der sinnlichen Wahrnehmung nicht zugänglich. Wer die Fähigkeit errungen hat, in der geistigen Welt wahrzunehmen, der erkennt die verflossenen Vorgänge in ihrem ewigen Charakter. Das, was ein Mensch vor Jahrtausenden erlebt, getan und gefühlt hat, ist nicht gelöscht. Es ist so aufbewahrt, dass es nur eine Seherin oder ein Seher, aus seiner Perspektive, sehen kann.

Drei wichtige Fragen zu unserem Sein stehen „alle Leben lang" „im Raum": Fragen, die uns helfen, zu erinnern. Sie lauten:

Wer bin ich?
Was ist mein Seelenauftrag?
Was ist der Sinn des Lebens, meines Lebens?

Telepathie ist Kommunikation mit dem und im Großen Ganzen; sie bewegt sich „im Raum" unendlicher Energie und erlaubt den Zugang zu Informationen, die in uns und in der *Akasha-Chronik* abgelegt sind und, so sagt man, nicht gelöscht werden; so kann Wachstum im Sinne von Weisheit stattfinden und die drei Fragen des Lebens beantworten helfen. So können durch Einsicht neue Verträge mit der eigenen Seele gestaltet werden, ein neuer Lebensplan kann entstehen. Die Kommunikation mit der *Akasha-Chronik* kann somit unser Verständnis für alle Zusammenhänge sehr erweitern. Viele berühmte Persönlichkeiten können als Wiedergeburten desselben einen Wesens in der Quelle allen Seins betrachtet werden; auch Buddha, Maria, Christus, Engel, Steiner, Goethe und viele andere; sie haben eine gemeinsame Quelle, einen gemeinsamen Wesenskern, der sich uns erschließen will. Jede Ausdruckform eines Wesenskerns beschreitet viele Erdenreisen und jede dieser Lebensreisen sieht anders aus; daraus ergibt sich, jenseits der Vorstellung von Zeit und Raum, auch die Möglichkeit, dass eine Person mehrfach, gleichzeitig und an unterschiedlichen Orten auftritt.

Man sagt, jedes Leben, jede Persönlichkeit, jedes einzelne Erlebnis, jede einzelne unserer Kreationen, die wir selbst erfunden haben, habe in diesem unendlichen Lebensmandala einen ´Gegenspieler` [innerhalb unseres Bewusstseins von Polarität] und wir treffen diesen anderen Teil immer wieder; solange, bis beide den *vermeintlichen Gegensatz, die Teilwahrheit eines anderen Aspektes und Menschen,* erkannt und akzeptiert haben. Bis wir endlich das *Gemeinsame* erkannt haben. Bis wir dies erkannt und akzeptiert haben, leiden wir unter der eigenen Unwissenheit, Unerfahrenheit von *Samadhi* im Hier und Jetzt; unter unserer eigenen Sehnsucht nach Vollständigkeit; und wir leiden unter einer Art Widerstand, diesem überirdischen Königsweg einfach und konsequent zu folgen. So begegnen wir immer nur zunächst unserer eigenen Teilwahrheit. Unsere vermeintlichen Feinde gibt es nicht wirklich, alle und alles sind Weggefährten und Partner, auf dem Erkenntnisweg eines Konfliktes, der erkannt werden will, um die Konsequenzen aus einem Verhalten zu erkennen und zu lösen. So betrachte ich das ganze Leben als eine Art „bipolare Störung", denn sie stört den Zugang zur Wahrhaftigkeit im gemeinsamen Sein.

Vergebungsarbeit bedeutet, bewusst zu erkennen und zu bereuen, was wir gelebt, uns selbst und damit auch anderen in dem Großen Ganzen erschaffen und uns und einander angetan haben. Bereuen bedeutet, dies erkennen zu *wollen* und zu unserer menschlichen Ver-Antwortung stehen zu wollen. Die vielen Leben auf dieser langen Reise dienen letztlich dem Erkennen einer bedingungslosen Liebe in Gott, im Universum, in der Schöpfungsgeschichte, im *Samadhi*.

Unsere Bücher berichten vieles, was uns erlaubt, ganz praktisch unsere Reise in unserem augenblicklichen Leben sinnvoll, verantwortungsvoll, demütig, umsichtig, liebevoll – nicht grollend, verzweifelnd, schuldbewusst, schamhaft, nachtragend – zu gestalten. Wir, *Rajenne & Rajan* versuchen, Euch in ihren Erzählungen das Wichtigste auf diesem Wege zu schenken und im Austausch miteinander zu erkennen, was jedem einzelnen und damit uns allen dienen kann und mag."

Es wurde Abend, ein kleines Feuer wurde entfacht und sie saßen beieinander. Stille Gesten der Freundlichkeit, Dankbarkeit für die Schönheit der Begegnung, vieldeutige Fragen und vieldeutige Antworten. Und viele der Anwesenden liefen heim und brachten Früchte, gekochten Reis, Gewürze, auch die eine oder andere Münze. Ohne Worte, mit einem tiefen Lächeln und mit verhaltenem und doch glühenden Feuer in den Augen, stillen und doch feurigen Löwen gleich. *Rajenne und Rajan* verneigten sich und antworteten mit dem gleichen Herzensfeuer in ihren Augen.

Am nächsten Morgen, in aller Frühe bei Sonnenaufgang, traten sie ihre Weiterreise an. Bleiben kam ihnen nicht den Sinn, denn Reisen und Begleiten, war ihr Leben.

Der mystische Weg

Netzfund – https://t.me/AramChristus

Die unbeschreibliche Natur des mystischen Ziels überschreitet die Grenzen herkömmlicher Etiketten und Definitionen. Kein Name oder keine Beschreibung kann sein Wesen vollständig erfassen und es namenlos machen. Während verschiedene Namen und Metaphern versuchen, Aspekte dieses Ziels zu erfassen, bleibt es unabhängig davon unverändert." Es wird als „Überquerung des Abgrunds", „Erleuchtung", „kosmisches Bewusstsein", „Samadhi", „Vereinigung mit dem Absoluten", „Vereinigung mit Gott", „Vereinigung von Subjekt und Objekt", „Vereinigung von Mikrokosmos und Makrokosmos" bezeichnet", „Vereinigung der Gegensätze", „Nirvana erreichen", „Das Große Werk vollbringen" oder jede andere Bezeichnung.

Ein „Mystiker" bezieht sich auf einen Menschen, der entweder eine tiefgreifende spirituelle Verwirklichung erreicht hat oder aktiv danach strebt. Angetrieben von einem tiefen Sinn für Absichten oder einer höheren Berufung begeben sich Mystiker auf eine Reise zur direkten Erfahrung der Wahrheit selbst. Durch die Kultivierung der richtigen Denkweise und gewissenhaften Einsatz erreichen sie letztendlich diese tiefgreifende Begegnung.

Man kann das mystische Ziel oder die Wahrheit mit einem transformativen Feuer vergleichen. Während Philosophen möglicherweise Befriedigung darin finden, über Feuer nachzudenken und Theorien darüber zu entwickeln, Wissenschaftler ihre Befriedigung aus der Beobachtung und Manipulation des Feuers ziehen und Romantiker ihre emotionale Verbundenheit und ihre poetischen Ausdrucksformen der Liebe zum Feuer genießen können, findet der Mystiker Befriedigung allein darin, mit dem Feuer näher vertraut zu werden indem er sich bereitwillig seiner verzehrenden Macht unterwirft.

Samadhi

Gerne lasse ich mich von meinem inneren Feuer wärmen und nähren und ich lasse mich gehen, wohin meine Seele mich führen will

Schritt für Schritt läuft alles, so wie ich wirklich mag

Das Geheimnis
der Geheimnisse

Osho

Im nächsten Leben werden wir uns eine andere Frau oder einen anderen Mann aussuchen, aber dieses Leben ist vorbei, und nichts kann getan werden. Und die Kinder sind da, und tausend und ein Problem" und das Prestige und die Gesellschaft und die Ehrbarkeit. So haben sie gelitten und sind Märtyrer geblieben.

Jetzt sind sie nicht mehr bereit zu leiden, also sind sie ins andere Extrem übergegangen: Jetzt frönen sie allen möglichen Arten von Sex, aber auch das macht sie nicht zufrieden.

Weder der Inder noch der Amerikaner sind zufrieden. Niemand ist zufrieden, weil beide das Grundlegende übersehen. Das Grundlegende ist: Wenn Sie nicht in der Lage sind, das innere Geheimnis Ihrer Frau oder Ihres Mannes zu entschlüsseln, werden Sie früher oder später genug haben und sich langweilen. Dann werden Sie entweder ein Märtyrer - bleiben dabei, ertragen es, warten darauf, dass der Tod Sie erlöst - oder Sie fangen an, sich mit anderen Frauen zu vergnügen. Aber was immer Sie mit dieser Frau gemacht haben, wird auch mit der anderen passieren, und Sie werden die andere satt haben und sich langweilen, und Ihr ganzes Leben wird nur noch aus Partnerwechseln bestehen. Das wird Sie beide nicht zufriedenstellen.

Sofern Sie nicht die geheime Kunst des Tantra erlernen.

Tantra ist eines der wichtigsten Geheimnisse, die je entdeckt wurden. Aber es ist sehr heikel, weil es die größte Kunst ist. Malen ist einfach, Gedichte zu schreiben ist einfach, aber eine Verbindung mit der Energie des anderen herzustellen, eine tanzende Verbindung, ist die größte und am schwierigsten zu erlernende Kunst.

Die Leute sind gegen mich, weil ich Ihnen sage, wie man liebt. Ich sage den Leuten, wie man Liebe zu einem Gebet macht, ich sage den Leuten, wie man so tief liebt, dass die Liebe selbst zu Ihrer Religion wird, dass Ihre Frau eines Tages verschwindet und Sie dort Gott finden, dass Ihr Mann eines Tages verschwindet und Sie dort Gott finden; dass Sie eines Tages, in tiefer Verbindung, in tiefer orgasmischer Erfahrung, in dieser Ekstase, für einen Moment beide verschwinden und es nur Gott und sonst nichts gibt.

Im Laufe der Zeit wurde Ihnen beigebracht, gegen Sex zu sein, und das hat Sie sehr sexuell gemacht.

Jetzt muss dieses Paradoxon verstanden werden. Wenn Sie mich verstehen wollen, müssen Sie dieses Paradoxon sehr, sehr tief und deutlich verstehen: Sie sind durch die Verurteilung von Sex sexuell geworden, das ist der gesamten Menschheit passiert: Unterdrückter Sex ist zur Obsession geworden.

Die Leute denken, ich lehre Sexualität? Ich lehre Transzendenz. Bald wird dies der einzige Ort sein, an dem niemand mehr von Sex besessen sein wird. Hunderte von Sannyasins erleben dies bereits. Jeden Tag bekomme ich Briefe: „Was ist los, Osho? Mein Sex verschwindet, ich habe kein großes Interesse mehr daran" – sowohl von Männern als auch von Frauen.

Dieses Interesse ist ein pathologisches Interesse, das durch Unterdrückung entstanden ist. Sobald die Unterdrückung wegfällt, wird dieses Interesse verschwinden. Und dann gibt es ein natürliches Gefühl – das nicht zwanghaft, nicht pathologisch ist. Und alles, was natürlich ist, ist gut. Dieses Interesse an Sex ist unnatürlich. Und das Problem ist: Es wird von den Priestern und Politikern geschaffen, von den Mahatmas. Sie sind die Schuldigen. Und sie erschaffen es immer weiter und glauben, sie helfen der Menschheit, über Sex hinauszugehen. Das tun sie nicht! Sie werfen die Menschheit in dieses ganze Chaos hinein.

Wenn Sie mich richtig verstehen, werden Sie von den Erfahrungen, die Sie in dieser Kommune machen werden, überrascht sein. Schon bald werden Sie feststellen, dass Sex zu einem natürlichen Phänomen geworden ist. Und schließlich, während Ihre Meditationen tiefer werden und Sie beginnen, sich immer mehr mit den Seelen des anderen zu treffen, wird der Körperkontakt immer weniger. Es kommt ein Moment, in dem Sexualität nicht mehr nötig ist. Sie hat eine neue Wendung genommen; die Energie hat begonnen, sich nach oben zu bewegen.

Es ist dieselbe Energie – auf der untersten Stufe ist es Sex, auf der höchsten Stufe ist es Samadhi.

Übung auf dem Weg
ins Samadhi

Liege oder sitze entspannt, atme einige Male tief aus und ein, schaffe Raum in Dir und Ruhe, völlige Entspannung. Stelle Dir nun eine Liegende Acht vor, zwei große Kreise, frei in den Raum gemalt, die in der Mitte einander berühren. Nimm wahr, was Du erlebst. Konzentriere Dich mehr und mehr auf den Berührungspunkt der beiden Kreise in ihrer Mitte und stelle Dir vor, dies sei ein Tor zu einer anderen Dimension.

Vor dieser Liegenden Acht stelle Dir unsere Welt vor, eine Welt der Polarität, ein Weltbild im Entweder-Oder-Modus, in der man sich immer für das eine oder ein anderes entscheiden müsse. Dies ist auch die Welt der Dualität, einer Welt der tausend Erscheinungsformen, ein Wirrwarr von Bedingungen, die zu beachten wir glauben zu müssen, weil sie angeblich unserer einzigen Realität entsprechen würden. Es ist nur eine Vorstellung von einem Alltag in diesen Welten der Erscheinungen.

Lass dieses Bild und Deine Wahrnehmungen, Dein Fühlen, wirken. Wie fühlt sich das an? Bewegend in einem Hin und Her, beunruhigend in dem Gefühl, ständig sich für oder gegen etwas entscheiden zu müssen? Spürst Du die Anstrengung, die in dem Bemühen steckt, allem angemessen gerecht werden zu müssen oder es wenigstens zu versuchen?

Bewege Deine Aufmerksamkeit auf den Kreuzungspunkt in der Mitte der Liegenden Acht. Stelle Dir diesen Punkt vor und wie er sich zu einem Tor entfaltet, durch das Du jetzt hindurchschreiten könntest. Fühle, was diese Vorstellung mit Dir geschehen lässt und warte, lass alles geschehen, was sich aus Deiner eigenen Tiefe zeigen mag.

Nun, wenn Du, nach einem eventuell beängstigenden Augenblick, wieder zur Ruhe gekommen bist, vielleicht neugierig geworden bist, wie es nun weitergehen könnte - durchschreite dieses Tor langsam und gelassen, bewusst, fühlend.

Fühle Dich frei in der Ent-Scheidung [Selbst-Verbindlichkeit], bereit zu sein für ganz Neues. Frei von all den Konditionen, die Du auf dem Weg bis hierher gekannt und gepflegt hast. Fühle Dich frei in Deiner Entscheidung, nun einem unbekannten Raum zu begegnen, der Dich frei machen kann von allem Alten, was nicht zu Deinem tiefsten Glück beigetragen hat.

Wisse, dass Du jederzeit wieder in Deine alten Gewohnheiten zurückgehen kannst, wenn Du es möchtest. Fühle, dass Du es gestalten kannst, wie und wann Du magst.

Lass dieses *Fühlen* wirken.

Nun, wenn Du magst, durchschreite diesen Punkt, dieses Tor, und gehe ruhig und in Freude in den neuen Raum, in eine neue, andere, freie Welt. Schau ruhig und gelassen, ein wenig neugierig, um Dich in diesem neuen Raum, spüre, was er an Schönem für Dich bereithält.

Wie ein Säugling, wie Dein innerer Säugling, der in eine neue Welt hineinschaut und voller Vertrauen ist. Urvertrauen pur.

Lass dieses *Fühlen* wirken. Was macht es mit Dir?

Nun befindest Du Dich hinter dem Tor und kannst gerne zurückschauen, Dich an den Zustand vor der Liegenden Acht erinnern. Wenn Du magst, nur, wenn Du magst.

Was macht dieses Betrachten mit Dir? Erkenne, erspüre, wie Du Dich in diesem neuen, freien Raum befindest, fühlst. Lass es wirken.

Nun schau noch einmal kurz auf das Tor zurück, durch das Du in den neuen Raum gekommen bist. Lass es wirken. Was macht dieser Rückblick mit Dir?

Wie fühlt es sich an, eine neue Art von Rücksicht zu nehmen? Kannst Du die Freiheit in dem neuen Raum erspüren und für immer verankern? Lasse Dich darauf ein, diesen neuen Zustand zu genießen, gönne Dir alle Zeit der Welt dazu. Spiele mit den Vorstellungen, in beiden Räumen zuhause zu sein, erst nacheinander, dann gleichzeitig.

Genieße und werde Dir bewusst, dass Du bei Dir und Deinem wirklichen Sein angekommen bist. Verinnerliche dieses Gefühl ganz tief und fest; sei Dir bewusst: in diesem Raum darfst Du Dein wirkliches Zuhause erkennen. Gewöhne Dich mit tiefer Freude an diesen neuen Raum, der nur aus Dir kommt und in dem Du zuhause sein darfst, bist – und immer warst. Fühle Leichtigkeit! Erkenne die tiefe Ruhe, die Dich umfängt und beseelt, die Du aus Deinen frühen Lebenstagen genau kennst.

Nach einer längeren Zeit in diesem neuen und doch altbekannten Fühlen kannst Du immer wieder auf das Tor zurückschauen; Du kannst jederzeit wieder durch dieses Tor in die alte Welt zurück und das tiefe Gefühl des inneren Raumes der wirklichen Freiheit in Deinem wirklichen Sein gerne mitnehmen. Und dauerhaft in Dir verankern und Dich davon tragen lassen. Wenn Du magst, bleibe so lange in dieser neuen Erfahrung von Dir selbst, wie es Dir guttut. Dies darf ein ganzes Leben lang anhalten; dies möge auch so sein. Dann fühlst Du ein Stück von dem Samadi, worum es geht, das wir Dir aus ganzem Herzen wünschen.

So gestärkt, kannst Du zurück in Deine Welt der Gewohnheiten – es ist nur eine andere Realität, die Dir innewohnt, zur Ge-Wohn-Heit geworden war. Beide Erfahrungswelten sind wertvoll und stehen Dir nun immer gleichzeitig zur Verfügung. Spiele damit, wie ein Kind, offen, unvoreingenommen. Spüre, dass Du und wie Du wieder bei Dir selbst angekommen bist, in Deinem wirklichen Sein, das es zu erkennen und immer zu genießen gilt; ein wertvoller Schatz für jeden Augenblick Deines Lebens in allen Räumen und Realitäten.

Raja-Yoga:
Der Königliche Weg

*R*aja-Yoga wurde als das „strahlende Yoga der spirituellen Könige" und als der „königliche Pfad" bezeichnet. Die Techniken, die in dieser Praxis gelehrt werden, konzentrieren sich weitgehend auf die Meditation, das Erlernen der Kontrolle des Geistes und das Verstehen und Erkennen des Geistes in seinem Wesen, um so zum Herrscher über unser Leben und zum Meister unseres eigenen Geistes werden zu können.

Entstanden aus dem *Achtfachen Pfad* von *Patanjali*, konzentriert sich Raja-Yoga auf die *Yamas* und *Niyamas* (moralische Verhaltenskodexe), *Asana* (Körperstellungen), *Pranayama* (Atemtechniken), *Pratyhara* (Kontrolle der Sinne), *Dharana* (fokussierte Konzentration), *Dhyana* (Meditation über das Göttliche) und *Samadhi* (Vereinigung mit dem Göttlichen).

Von Rot zum Magenta

Riccardo Avola - @kollektivesbewusstsein_zeit

Egal wie sehr der Teufel uns sein feuriges Rot zeigt, leuchtet die Ur-Liebe-Licht-Quelle immer noch am hellsten. Jeden Tag ist der Teufel unter uns und fordert uns heraus. Trotzdem dürfen wir nicht vergessen, wer über ihn wacht und uns täglich ein lichtvolles Angebot bereitet. Völlig kostenlos und unverbindlich treffen wir unsere Entscheidung und entziehen ihm das Futter. Schlussendlich wird aus dem rot der Hölle ein leuchtendes Magenta, das die Übermacht einnehmen und unsere Herzen erleuchten wird.

Ich verlasse den Weg der Schöpfung nicht, weil ich der Liebe treu bleibe und meine Seele nicht verkaufe

Numerologie &
Seelengesundheit

@barbara_numerologie330 - Schlüsselwort: M-8t

Eine 8 ist im Besonderen auch vom Gesetz der Ehrlichkeit und Gerechtigkeit geprägt ~ das innere Wertesystem zu überprüfen. Die Göttin der Gerechtigkeit ist Justitia. Justitia hat verbundene Augen, denn Gerechtigkeit heißt; entscheiden ohne Ansehen der Person, ohne persönliche Zuneigung und Wertung, deshalb wird sie blind dargestellt. Wenn wir unsere eigene Überlegenheit immer wieder aufs Neue unter Beweis stellen müssen, ist dies kein Zeichen von Macht, sondern ein Beleg für die eigene Machtlosigkeit. M-8 bildet zwei Seiten derselben Medaille , die nur schwer voneinander zu trennen sind.

Wisse, auch Macht ist nur von Gott geliehen, ist damit verantwortungsvolle Mit-Gabe und Aufgabe. Ob Hoch-8-ung oder Ver-8-ung, ob 8-sam oder 8-los. Alles Wirkprinzipien im Geist des Menschen, der anhand seines hohen oder niederen Bewusstseins bloße Taten folgen lässt. Wir dürfen Zeichen setzen, jeder Einzelne, ermächtigen wir uns zu leben aus tiefstem Herzensgrund .

Buchstaben-Wortwerte in Summe 8:

Lichtdunkelheit: 161 = 8

Lichtvolle Gedanken: 179 = 17 = 8

Mission: 98 = 18 = 8

Geheimnis: 89 = 17 = 8

Urahnen: 89 = 17 = 8

Wille Gottes: 161 = 8

Liebe ist Freiheit: 161 = 8

Deine Seele führt Dich: 188 = 17 = 8

Das Tibetische Totenbuch

Das Tibetische Totenbuch ist eine Art Reiseführer für Sterbende. Es wurde insbesondere dafür geschaffen, während des Sterbeprozesses (von einem Meister oder einem spirituellen Freund) vorgelesen zu werden. Denn durch das Hören bestimmter tiefgründiger Lehren im Moment des Todes besteht nach buddhistischer Auffassung die Möglichkeit, Befreiung oder Erleuchtung zu erlangen.

Die Lehren des Tibetischen Totenbuchs sind selbst Teil eines größeren Lehrzyklus (Dzogchen-Tantras), der, vom indischen Meister Padmasambhava im 8. Jahrhundert nach Tibet gebracht, im vierzehnten Jahrhundert von dem tibetischen Seher Kanna Lingpa enthüllt wurde. Seit seiner ersten Übersetzung 1927 hat das Tibetische Totenbuch großes Interesse im Westen gefunden. Auf Tibetisch heißt es: „Bardo Tödrol Chenmo", was „Große Befreiung durch Hören im Bardo" bedeutet. Das Wort „Bardo" bezeichnet den Zustand zwischen Leben und Tod.

Der Tod als Chance

Aus buddhistischer Sicht gibt es keinen Grund, sich vor dem Tod zu fürchten. „Lü", das tibetische Wort für Körper bezeichnet „etwas, das man zurücklässt" – wie Gepäck. Es sei wesentlich, im Leben zu begreifen, dass der Körper eine Illusion ist – um ihn gut zurücklassen zu können. Im Buddhismus leitet der Tod lediglich ein neues Kapitel ein. Es ist von großer Bedeutung, wie man stirbt.

Auf zwei Dinge kommt es vor allem an: Auf das, was wir im Leben getan haben und auf den Zustand unseres Geistes in jenem Augenblick des Todes. Denn im Todesmoment sind wir der Mensch, der wir heute sind und das hat Auswirkungen auf das, was nach buddhistischer Sicht weitergeht. Beim Verlassen des Körpers eröffnet sich eine „Lücke", es erscheint das so genannte Klare Licht oder die Grund-Lichtheit, was als die natürliche Strahlung der Weisheit unserer essentiellen Natur unseres Geistes erklärt wird.

Dieses Klare Licht mit seiner besonderen Energie ist die Verbindung zum innersten, subtilen Bewusstsein.

Befreiung durch Erkenntnis des Klaren Lichts

Wer in der Lage ist, die Natur des Geistes zu begreifen, ist befreit. Die meisten Menschen werden in diesem Moment das Klare Licht nicht erkennen, weil sie sich nicht auf den Tod vorbereitet haben und keine Kenntnis von der innersten Natur unseres Geistes.

Sie reagieren ihren alten Ängsten, Gewohnheiten und Wahrnehmungsmustern entsprechend. Wer jedoch in einer positiven Geisteshaltung stirbt, kann zumindest die Bedingungen für die nächste Geburt verbessern.

Der Todesmoment birgt die Chance eine andere Bewusstseinsebene, ein heilsames Karma, zu erreichen, um zu einer glücklichen Wiedergeburt zu gelangen. Aus buddhistischer Sicht sind für den Sterbenden drei Faktoren notwendig: Die Summe seiner guten und schlechten Taten (das karmische Potential), die spirituelle Praxis, die er zu Lebzeiten ausgeübt hat und die Anwesenheit geistigen Beistands, möglichst ein spiritueller Lehrer, „Lama" genannt.

Der Karma-Samsara-Gedanke

Wer das Klare Licht nicht erkennt, kreist unaufhörlich in der Welt der ständigen Wiederkehr in Wiedergeburten, in Samsara. Wir denken und handeln in festgelegten Mustern, Gefühle wie Hass, Neid, Eifersucht und Gier steuern uns. Unser Geist ist nach buddhistischer Auffassung getrübt und verdunkelt, wir führen ein leidvolles Dasein. Weil es uns nicht gelingt, diese Muster zu durchbrechen und die essentielle Natur des Geistes wahrzunehmen, verbleiben wir in Samsara. „Nirvana" dagegen ist ein Zustand äußerster Klarheit und ein Synonym für vollkommene Freiheit. Als einer der zentralen Begriffe des Buddhismus wurde „Nirvana" oft falsch mit „Auslöschung" oder „Nichts" übersetzt. Tatsächlich bezeichnet Nirvana das, was mit gewöhnlicher Wahrnehmung nicht wahrgenommen werden kann.

Die vier Bardos

Bar bedeutet „dazwischen" und do heißt „aufgehängt" oder „geworfen". Es bezeichnet einen „Übergang" oder „Zwischenzustand", gewöhnlich den Zeitraum zwischen Tod und Wiedergeburt. Da die tibetisch-buddhistische Sicht von Leben und

Tod allumfassend ist, finden Bardos kontinuierlich sowohl im Leben als auch im Tod statt.

Die vier Übergangsrealitäten

- der natürliche Bardo dieses Lebens (von der Geburt bis hin zum Eintritt in den Sterbeprozess)

- der schmerzvolle Bardo des Sterbens (bis zum Eintritt des Todes)

- der lichtvolle Bardo der Dharmata (der Nachtodzustand)

- der karmische Bardo des Werdens (wieder zur Existenz kommen)

Der lichtvolle Bardo der Dharmata

Sollte der Sterbende im Todesmoment die Grund-Lichtheit nicht erkannt haben, dann geht er in den nächsten Bardo über, den lichtvollen Bardo der Dharmata. Plötzlich wird er sich einer fließenden, vibrierenden Welt von Klang, Licht und Farbe bewusst. Das Tibetische Totenbuch beschreibt sie als

„eine Luftspiegelung in der Ebene bei größter Sommerhitze". Diesen Erfahrungen werden Zeitspannen von Tagen zugeordnet, aber es kann auch nur ein flüchtiger Moment sein, nämlich wenn die Erscheinungen nicht als unmittelbarer Ausdruck des eigenen „Rigpa" erkannt werden.

Der Bardo des Werdens

Das nächste, was zu Bewusstsein kommt, ist im Bardo des Werdens eine Welt bevölkert von Albtraumwesen. Einige Beschreibungen des Bardo sprechen von einer Gerichtsszene, eine Art Lebensrückblick: Unser gutes Gewissen, ein weißes Lichtwesen, ist unser Verteidiger und das schlechte Gewissen, ein schwarzer Dämon klagt an. Letztlich sind wir selbst sowohl Richter als auch Angeklagter. Im Wechsel von Leiden und Freude, von Angst überwältigt, irren wir hilflos im düsteren Bardo umher.
Unsere negativen Emotionen können jedoch fallengelassen werden, wenn wir erkennen, dass alles, was dem Bewusstsein widerfährt, eine Spiegelung seiner selbst ist. Das, was wiedergeboren wird, hat eine Wandlung erfahren. Grundsätzlich ist Befreiung in allen Bardos möglich. Die Bardo-Lehren sollen helfen, diese Möglichkeiten zu entdecken und bestmöglich zu nutzen.

Der Weg zur Befreiung

Für jeden der Bardos existieren einzigartige Anweisungen und Meditationstechniken, die genau auf die jeweiligen Geisteszustände zugeschnitten sind. Im Buddhismus gibt es das Bild vom klaren Himmel, der immer vorhanden ist, auch wenn Wolken, die vergleichbar mit unserem subjektiven Verständnis der Wirklichkeit sind, ihn verdecken. Der wolkenlose Himmel ist ein Bild für die wahre, unverzerrte Wirklichkeit – für das, was unser Geist wirklich ist, unsere wahre Natur.

Die Buddhisten gehen den Weg des Altruismus, handeln in Mitgefühl und Liebe zu anderen. Wenn das selbstgefällige, gierige Ich aufgegeben wird, – erst dann offenbart sich die innerste Natur, die so genannte „Buddha-Natur". Der einzelne erfährt dies als Klares Licht, wer darin verbleiben kann, erlangt unmittelbare Befreiung.

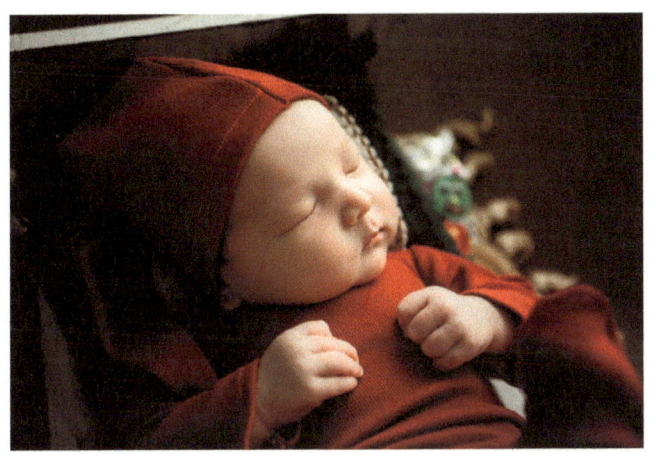

Samadhi

Tiefe Ruhe, Gewissheit der vollkommenen Geborgenheit
in Dir selbst – „Den Seinen gibt's der Herr im Schlafe"
Lerne, im Frieden mit Dir selbst zu Sein

Gönne Dir Dein Sein als Deinen natürlichsten
Grundzustand,
Deine eigene Quelle für alles in Deinem Leben

Du hast nur das eine Leben im Hier und Jetzt,
und das ist unendlich viel

Lebensglück im Sowohl-Als-Auch

Die *Liegende Acht* ist ein wichtiges Symbol für Polarität und bio-logische Dynamik. Sie hat einen etwas kleineren und einen etwas größeren Teil. Dies führt in der Biologie zu einem *Perpetuum mobile*, das mit geringstem energetischem Aufwand in seiner Schwingungskraft bleibt. Dieses Symbol darf man sich sehr dynamisch in allen Graden der biologischen Bewegungsfreiheit vorstellen, woraus man seine unendliche Kraft zu allen biologischen Prozessen ableiten kann.

Jenseits der *Liegenden Acht* liegt das Paradies, *Samadhi*, reines Glück, Einfachheit, Freiheit, vollkommene Beweglichkeit und Wahlfreiheit für alles, was Dich glücklich sein lässt. Grenzenlose Lebenslust, weil Du mit Deiner Quelle verbunden bist und Dich und Deine Quelle als grenzenlos und allmächtig, selbstermächtigt, erlebst. Immer.

„Vor" der *Liegenden Acht* liegt unsere Welt der Polarität und der Dualität, der erfundenen Bedingungen, denen folgen zu müssen wir glauben. Wer dies erkennt und frei sein will, darf und kann das Tor in der Mitte durchschreiten.

Erkenne und nimm die Herausforderung als Angebot wahr, nimm die so genannten Realitäten vor und hinter der *Liegenden Acht* an, erkenne, nimm an, erlebe und gestalte Dein Leben im Hier und Jetzt neu. Aus der Kraft des *Samadhi*.

Lege dieses Erlebnis fest als neuen Maßstab für Dein Hier und Jetzt, Deine wirklichen, wirksamen, freien neuen Rahmenbedingungen für ein Leben in Freude und Lebenslust, in einer neuen Gestaltungsfreiheit. In Über-Ein-Stimmung mit *Samadhi* und dem Hier und Jetzt in freudvoller Synthese.

Erlaube Dir alles. Verlasse das alte Muster angeblicher Begrenzungen und gönne Dir einen neuen, wahrhaftigen Lebensmaßstab, stets zugunsten aller in Deinem Leben Beteiligten und dem Großen Ganzen. Folge schrittweise und konsequent der Essenz von *Samadhi* im Hier und Jetzt. Dies wird zur Synthese in dem neuen Weltbild im Sowohl-als-Auch. Ohne jeden Verzicht auf innere und äußere Fülle, in Balance mit allem, was ist.

Sei glücklich mit dem, was nun wirklich ist und was Du alles hast, bist und genießen kannst, als Ausgangpunkt Deiner weiteren, authentischen Entwicklung als Mensch, so wie Du wirklich bist – aus dem Bewusstsein von *Samadhi* heraus.

Betrachte ganz neu und in bedingungsloser Annahme Deines gesamten Lebens die Möglichkeiten, die sich Dir nun zeigen und wähle die Besten für Dich aus.

Wie möchtest Du leben? Was alles erlaubst Du Dir jetzt?

Lege Deine Ziele fest und beschließe, dass sich Dir alle guten Wege zeigen werden. Sei mutig und konkret, ehrlich zu Dir, stehe hemmungs- und scham-los zu Deinen Bedürfnissen und Wünschen, stets im Einklang mit allem, was Wirklichkeit ist.

Sei offen für Neues auf Deinem neuen Weg, der Wanderung Deiner inneren Königin, Deines inneren Königs. Folge konsequent Deinem neuen Maßstab. Übe dabei Geduld, denn Du kennst nun Deinen Weg und den magst Du nun gehen, Schritt für Schritt. Anstrengungsfrei aus dem Bewusstsein von *Samadhi* heraus, in einer bewussten Wahlfreiheit und Fülle, dem Meer der Möglichkeiten und nutze sie.

Das „Wie" wird sich zeigen, Du folgst nur Deinem Herzen. Erkenne alle Möglichkeiten zu Veränderungen, zu Deiner Entwicklung, prüfe alles und folge Deinen angenehmsten Zielen.

Gerne mit anderen zusammen, wenn sie Deine Wahl mit Dir gemeinsam treffen wollen und ihr gemeinsam diesem Pfad auch konkret und aktiv folgt. Brauche ich einen anderen, andere Menschen auf diesem Weg? Wie kann ich sie einbinden ohne sie zu benutzen?

Immer im Maßstab eines *Sowohl-als-Auch*, nur ggf. nicht gleichzeitig, sondern in einem angemessenen Rhythmus, im eigenen Wohlbefinden. Rhythmus und leichte Disziplin führen hinaus aus dem Gefängnis alter Gewohnheiten.

Geben aus freiem Herzen ist das Gebot des wirklichen Menschwerdens. Sind wir bereit, bedingungslos aus dem *Samadhi-Zustand* heraus zu geben, zu schenken, zu teilen, was man hat. Wir dürfen uns wünschen, was „zurückkommen möge". Unter Umständen kommt nicht das zurück und heraus, was wir erwarten; unser Unbewusstes blockiert da viele gut gemeinte Entwicklungen aus vielerlei Gründen. Die Schöpfung, heißt es, beschenke uns mit dem, was wir brauchen, um genau diese Blockaden zu erkennen und gibt uns nicht immer das, was wir als wünschenswert betrachten, sondern was wir für unsere Bewusstseinserweiterung benötigen.

Das bedeutet nicht, dass wir uns ein Leben lang mit allen möglichen Blockaden beschäftigen sollten - nein wir können alle alte Verträge lösen und den Weg freimachen. Wie? Am einfachsten mit dem Gebet, der Kraft des Beschließens und des sich für genau diesen Weg Öffnens, mit Reflexzonenarbeit, Homöopathie, Akupunktur und vielem anderen. Es ist das berühmt-berüchtigte Loslassen...

Voraussetzung ist, dass Du bereit bist, alles Alte ohne Angst gehen zu lassen und die neuen Möglichkeiten willkommen heißt, für eine neue Lebensgestaltung offen bist! Versuche nicht, das Geheimnis von *Samadhi* in diesem Prozess verstehen zu wollen, bevor Du seine faszinierende Wirkung erlaubst und erlebst. Verstehen wollen wird Dich nicht weiterbringen. Schäme Dich nicht der Erfahrungen von Dir, die Du auf Deiner Reise gemacht hast; sie sind Dein Lebensweg. Nimm alle Erfahrungen als gegeben und hilfreich an und nutze sie klug!

Nehmen bedeutet Annehmen. Frei-willig. Ohne Konditionen, deren alleinige Anerkennung und Nutzung unser Verstand und Gewohnheit erzwingen will. Dies führt zu Verirrung, zu einer herzhaften, herzverhaftenden, Verfälschung, zu Provokations- und Vermeidungsmustern - allesamt nicht hilfreich, um in „das große Geheimnis" zu gelangen.

Dankbarkeit aus reinem, unbefangenem Herzen heraus, ist das natürlichste Zahlungsmittel aller Wesen, aus dem Geheimnis von *Samadhi* heraus. Menschliche Bedingungen wollen die Erkenntnis von Schönheit im Geben und Nehmen verstecken, betriebswirtschaftlich erfassen und rationalisieren. Damit verbergen sie genau das, was sich uns zeigen möchte und glücklich sein lassen könnte. In Gesundheit und Frieden.

Es gab und gibt schon immer viele Übungen bei jenen, die man auf irgendeine Art zu den Weisen zählte; im alten Ägypten gab es die *Horntor-Übungen*. *Seth* berichtet davon; der *Seth-Verlag* hat viele Bücher dazu anzubieten, die uns eine Übersicht geben können über wirksame Zusammenhänge, die unser Leben ausmachen bzw. beeinflussen; nehmen wir diese Einflüsse bewusst zur Kenntnis, erfahren wir auch, dass wir uns völlig überfordern, all diese Einflüsse selbst und bewusst im Einzelnen ordnen zu können: die Übungen hier, auch Meditationen und Gebete wie z. B. das *Hoóponopono* können helfen, alles zusammenzufassen. Nur ganz wenig können wir wirklich bewusst verarbeiten, wie es uns die neue Zeit zumuten will; es beschäftigt uns sehr, doch die Lebensqualität leidet oft unter dem Glaubenssatz, in diesem Leben möglichst viel oder gar alles aufräumen und verstehen zu müssen.

„Unterscheidet dabei die *Horn-Tore* von den *Elfenbein-Toren*". Nach *Seth* sind die Träume der *Horn-Tore* wahr, die der *Elfenbein-Tore* nicht. Auch hier ein Spiegel der Polarität?

„Dieser Art Träume wurden von allen, die sie erlebten, als völlig andersartig als „normale" Träume beschrieben – völlig andersartig (!) in deren emotionaler Absicht und Beziehung zum Du, dem wachenden / schlafenden Selbst. Die wahren Träume von den *Horn-Toren* kommen, wenn wir sie herbeirufen und willkommen heißen. Sie erzeugen wichtige Enthüllungen oder Erfahrungen, geben eine neue Perspektive."

Seth sagt: "Während der folgenden Woche, bevor Ihr schlafen geht, möchte ich, wenn Ihr wollt, dass Ihr Euch sagt, dass Ihr einen Traum von den Horn-Toren haben werdet. Bittet um einen Traum, der von den Horn-Toren kommt, (und) dass dieser Euch helfen wird, die Wesensanteile Eures Selbstes auszugleichen. Die wahren Träume von den Horn-Toren wurden eine der ekstatischsten, erfreulichsten und vollsten Träume [die wir je aufgezeichnet hatten]."

Die uralte Weisheit des *Hoóponopono* beschreibt die bewusste Verarbeitung so und lässt das Leben fließen wie das Meer:

Es tut mir leid.
Ich akzeptiere das Negative bzw. das der Liebe Entgegengesetzte in mir. Es tut mir leid, dass ich und meine Ahnen dich und deine Ahnen bewusst oder unbewusst verletzt haben. Es tut mir leid, dass ich andere bewusst oder unbewusst verletzt und in ihrer Entwicklung gestört habe. Ich bereue und entschuldige mich.

Bitte verzeihe mir. Ich verzeihe mir.
Ich verzeihe mir das Negative in mir. Ich verzeihe mir, dass ich mich zur Verfügung gestellt habe. Ich verzeihe mir, dass ich Täter war. Ich bitte darum, mir zu verzeihen, dass ich ein Teil des Problems war. Ich verzeihe mir, weil ich mich schuldig fühle. Ich verzeihe dem Täter und lasse uns los.

Ich liebe mich. Ich liebe dich.
Ich respektiere mich, und ich respektiere dich. Ich liebe mich mit all meinen Schwächen und nehme mich an. Ich liebe, was ist. Ich habe Vertrauen, dass diese Situation mich weiterbringt. Ich respektiere die Situation, die mir zeigt, was zu tun ist. Ich liebe die Situation, die zu mir gekommen ist, um mich wieder in den Fluss des Lebens zu bringen. Ich sehe das Göttliche in dir, und ich sehe das Göttliche in mir. Ich nutze die Erkenntnis und gestalte die Situation neu. Liebe ist die einzige und größte Kraft im Universum.

Danke.

Ich danke für den Segen, der in dieser Situation steckt. Ich danke für die Transformation. Ich danke für die Erkenntnis. Danke für die gemachte Erfahrung. Danke für die für mich und alle Beteiligten beste Lösung. Ich erlaube die Heilung. Ich danke für das Wunder. Ich danke für mein Leben.

Samadhi

Empfange die Unendlichkeit in Dir

In der absoluten Heimat in Dir selbst

Dort findest Du alles, was Du je gesucht hast

Neue Menschen

Netzfund von „@xperte_0815" – Ulrich Schaffer

Die neuen Menschen sind schon unter uns. Mit ihrem Leben arbeiten sie an einer neuen Wirklichkeit und wollen sie mit uns teilen. Der neue Mann und die neue Frau werden nicht das Bedürfnis haben, gebraucht zu werden und doch wird die Welt sie brauchen, um zu überleben.

Sie werden gelernt haben, in sich vollständig zu sein. Da wird keine Rede von der besseren Hälfte sein und kein Wunsch, jemanden oder etwas zu gehören, um wertvoll zu sein.

Sie werden der Konkurrenz absagen, großzügig sein und Situationen schaffen, in denen ALLE gewinnen. Sie werden in der sichtbaren Welt zu Hause sein, sowie in der Welt, die nur mit den Augen der Hoffnung zu sehen ist. Sie werden mit allem, das Leben fördert, verbunden sein.

Sie werden wissen, dass die Zeit kostbar ist und trotzdem nicht unruhig und ungeduldig werden.

Sie werden realistisch sein und doch die Hoffnung nicht verlieren. Sie sind Menschen der Wahl und der

Selbstbestimmung. Sie lassen sich nicht von anderen leben und leben nicht das Leben anderer.

Sie haben *ihr* Leben gewählt.

Sie haben sich für Werte entschieden und sie nicht nur geerbt. Sie haben ihre Sorge für den Einzelnen mit der Sorge für die Welt verbunden und opfern die eine nicht für die andere. Sie werden die Hilflosen ehren und den Leidenden helfen. Sie werden *mit ihrem Wesen wissen,* dass wir eine unzertrennliche Familie sind.

Sie wissen, dass alle wahre Veränderung die Veränderung des Herzens ist und lassen sich so nicht mit Sprüchen und Lobreden fangen. Ihr Leben ist ausgewogen, ohne Leidenschaft und ohne ihre selbsterschaffenen Gefühle, die oft nur gedacht sind, nicht wirklich ihrem tiefen, authentischen, Fühlen entspricht.

Sie begreifen, dass regieren „dienen" heißt und echt sein, „verantwortlich zu sein" heißt. Sie verstehen, dass hassen ermorden ist, erst sich selbst und dann das, was man an anderen hasst. Sie werden durchschauen, was keinen bleibenden Wert hat und es nicht mehr für sich wählen. Sie werden ihr Leben nicht anfüllen mit dem, was sie entleert und von dem ablenkt, was wahrhaftig ist.

Sie werden keine Angst vor der Angst haben, weil sie schon lange wissen, dass Einsichten aus der Angst erwachsen können und Einsicht oft der erste Schritt zur Veränderung ist. Ihre Angst lähmt sie nicht, aber sie gibt ihnen eine Dringlichkeit, in der sie sorgfältig und genau arbeiten, mitten in ihrer Vision für eine bessere Welt.

Sie lassen sich nicht entmutigen von dem Gedanken der Erbsünde, weil sie an den *Erbsegen* glauben. Ihr Gott hat eine grenzenlose Leidenschaft für die Welt und von Gott lernen sie diese Leidenschaft.

Ihr Leben besteht aus einem Stück. Sie können nicht hier hassen und dort lieben, sie können nicht gleichzeitig verachten und fördern, sie können nicht blind sein für eine und unaufmerksam für eine andere Sache, weil sie schon lange begriffen haben, dass alles miteinander verbunden ist, weil wir nur ein Herz in uns tragen.

Diese neuen Menschen werden eine neue Welt herbeibeten, herbeiglauben, herbeilieben, herbeihandeln. Sie werden nicht aufgeben, auch wenn es zunächst finster auszusehen scheint. Bedingungslos lieben sie die Welt und wollen sie aus der Finsternis der Unkenntnis begleiten und nichts wird sie davon abhalten!"

Samadhi

1 + 1 = 3

Aus zwei vollständigen, bewussten Menschen oder Gruppen
wird eine neue Einheit,
die aus beiden Quellen ein neues Ganzes erschafft
und etwas noch viel Größeres

Für den Frieden in uns und für die Erfüllung
unserer kosmischen Aufgaben,
zugunsten eines wunderbaren Großen Ganzen

Danken und dienen wir dem Schöpfer
mit all unserer tiefen Liebe und unseren Fähigkeiten

Löwenkraft

Netzfund - Nina Muigg

Wenn der innere Löwe erwacht, ist eine unaufhaltsame Kraft am Wirken. Eine Kraft, welche alles, was leblos ist zum Leben erweckt. Eine Kraft, welche Dich am Weg in die Mitte begleitet. In die Mitte, wo Du eigentlich immer gewesen bist, es aber für längere Zeit vergessen hast. Im Angesicht Deiner Löwenkraft zeigt sich alles, was wirklich zu Dir gehört.

Der innere Löwe braucht nicht laut zu brüllen, um gehört zu werden. Er nimmt mutig und selbstbestimmt seinen Platz ein und strahlt seine Kraft auch in Ruhe aus. Der Löwe unterstützt Dich dabei klar Grenzen zu setzen, wenn sie Dir gut tun aber er kann auch weich, verletzlich und unglaublich sanft sein.

Seine Präsenz ist warm und liebevoll. Doch möchte jemand den Löwen dazu bringen etwas zu tun, was er selbst nicht will, kann er so laut brüllen, dass er einem die Absicht des anderen zurückwirft, sodass sich alles, was zu Zerstörung führt, selbst in die Zerstörung treibt.

Der Löwe ist spielerisch, offen, neugierig und behütet stets sein Revier. In diesem Raum ist sein Zuhause. Freunde sind in diesem Raum stets willkommen. Doch verbirgt sich hinter einer Fassade ein falsches Spiel, durchschaut es der Löwe und vertreibt diejenigen, die nicht wahrhaft an seiner Seite stehen.

Die innere Löwenkraft holt Dich raus aus jeder Opferhaltung, bringt Dich in Deine wahre Kraft und hilft Dir dabei, Dich ganz zu zeigen. Die subtile Energie, die Dich begleitet, lässt Dich nicht unsichtbar sein – sie ist sichtbar für alle, die bereit dafür sind. Für diejenigen, die es nicht sind, fühlt sich diese Energie oft unaushaltbar an.

Alles, was nicht Deinem innersten Wesen entspricht, weicht von alleine. Die Präsenz der inneren Löwenkraft reicht vollkommen aus. Sie bringt das zu Dir, was zu Dir gehört und hält das fern, was woanders hingehört.

Diese innere Kraft kommt aus Herzen. Sie ist das Feuer, das im Herzen brennt. So kraftvoll, wie ein Löwe.

Mögen immer mehr Menschen ihre Löwenkraft entfachen und kraftvoll statt machtlos sein.

Regulus

Netzfund – Andrewdhsmith – https://t.me/AramChristus

Der Stern *Regulus*, das „Herz des Göttlichen Weiblichen", nimmt unter den Sternen einen besonderen Platz ein. Es strahlt eine königliche Energie aus und entfacht das kosmische Feuer in uns allen. Und wenn sich Mars, der wilde Krieger, diesem himmlischen Leuchtfeuer anschließt, entsteht eine kraftvolle Verbindung, die uns befähigt, die edlen Eigenschaften von Mut, Führung und Integrität zu verkörpern.

Wir sind aufgerufen, unser wahres Wesen zu erwecken und den göttlichen Funken zu erschließen, der tief in unserem Inneren wohnt. Wie der Löwe werden wir an unsere inhärente Kraft erinnert, nicht darauf, andere zu dominieren, sondern uns authentisch auszudrücken und die Menschen um uns herum zu inspirieren.

Mars, der Teil unseres Wesens, der den Aufruf zum Handeln und zur Verwirklichung hört und uns mit einer Welle leidenschaftlicher Energie erfüllt. Mit jedem Herzschlag spüren wir den Puls der Leidenschaft, der durch unsere Adern fließt und uns dazu drängt, mutige Sprünge zu wagen und den Wünschen unseres Herzens zu folgen. Die Anwesenheit von Regulus verstärkt diese Energie und erinnert uns daran, dass unser Handeln Wellen positiver Veränderungen in der Welt hervorrufen kann.

Diese alle zwei Jahre stattfindende Ausrichtung verleiht uns die Kühnheit, unsere Träume zu verwirklichen, unbeirrt von Hindernissen oder Rückschlägen, und gibt uns die Kraft, uns unseren Ängsten zu stellen und sie in Wachstumsschritte umzuwandeln. Im Angesicht von Widrigkeiten entdecken wir unsere Widerstandsfähigkeit und indem wir unseren Leidenschaften nachgehen, entfalten wir unser wahres Potenzial.

Während Mars und Regulus ihre Energien vereinen, werden wir angeleitet, mit Ehre und Authentizität zu führen. Die edlen Eigenschaften des Löwen finden in uns Resonanz und zwingen uns, für Gerechtigkeit einzutreten, das zu verteidigen, woran wir glauben, und in einer Welt in Not zu Leuchtfeuern der Stärke und des Mitgefühls zu werden.

Wir sind eingeladen, unsere einzigartigen Gaben und Talente anzunehmen und die Kraft zu erkennen, die wir besitzen, um das Leben anderer zu verändern. Es erinnert uns daran, dass es bei echter

Führung nicht darum geht, zu dominieren oder nach Anerkennung zu streben, sondern darum, die Menschen um uns herum zu stärken und zu erheben, den Mut zu finden, in die Berufung unseres höheren Herzens einzutreten und die Schatten des Zweifels und der Unsicherheit hinter sich zu lassen.

Mögen Sie sich dazu geführt fühlen, ein Leben voller Sinn und Authentizität zu führen und uns daran zu erinnern, dass in jedem von uns das Herz eines Löwen schlägt, der bereit ist, die Welt mit Liebe, Mut und unerschütterlicher Entschlossenheit zu erleuchten.

Von Ehrlichkeit

Unsere Welt ist geprägt vom Prinzip der Polarität, einem Weltbild im Entweder-Oder-Modus und einem Dualismus, einer Welt der Erscheinungen und unendlich vieler Möglichkeiten, die wir in einem bestimmten Augenblick oder Zeitfenster wählen könnten; viele Möglichkeiten, die uns zuerst verwirren können und in denen wir uns dann wieder zurechtfinden und funktionieren sollen. Vielleicht nur, damit wir reichlich beschäftigt sind... So hat man uns das seit Jahrtausenden als feststehende einzige Wahrheit zu vermitteln gesucht. Stets gab es jedoch auch Menschen, die sich über diese Art von Weltanschauung hinwegsetzten und ihren freien Geist von einem Paradies auf Erden berichten ließen. Und sie haben auch alle viele Wege für uns Menschen aufgezeigt, um aus einem vermeintlich goldenen Käfig herauszukommen.

Die vielen Wege gehören jedoch auch wieder in den Bereich der Dualität, der „billionenfachen Gesichter", wie diese Wege ausschauen *könnten*; und jeder Mensch hat die Qual der Wahl, seinen Weg zu finden. Diese Wege sind mit unendlich vielen Verlockungen, Versuchungen und Provokationen gepflastert. Ein sehr verwobenes, ausgeklügeltes und meist sehr hinterhältiges System von Netzwerken, die uns alltäglich einbinden wollen; in Abhängigkeiten, denen zu entfliehen uns nur möglich ist, wenn wir an unserem Weg ins *Samadhi* festhalten. An die ganze Kraft zu einem guten Leben im Miteinander auf Augenhöhe, im sicheren Glauben an eine lebenswerte Vision von einem „Menschenpark".

In diesem neuen Weltbild gibt es nur ein *Sowohl-Als-Auch*, ein Nebeneinander, Miteinander, Füreinander; kein gegenseitiges Ausspielen mehr von Interessen, die ausschließlich dem Kommerz und ähnlicher Interessen dienen; denn in einem solchen völlig überholten Weltbild wird berechnet, kalkuliert, geplant, bevormundet und manipuliert, was nur geht.

Jenseits von Polarität und Dualität suchen wirkliche Menschen, nach dem Ausgleich vermeintlicher Gegensätze in wahrhaftiger Liebe, nicht in den Kategorien von Spielen, mit Gegenspielern, Konkurrenten, Provokationen, Auseinander-Setzungen, Neid, Gier, Eifersucht, Rachegefühlen und immer neuen Strategien der Gegen-Leistungs-Forderung. In einer solchen „Welt" sollen wir, nach der Vorstellung unserer Machthaber, gefangen gehalten werden; mit dem Weg ins eigene *Samadhi* können wir da herausfinden und uns selbst in ein sehr reales Miteinander führen, in eine Verbundenheit, die wir auch oft üben, doch meist mit den falschen Methoden; und, zudem, oft genug mit Menschen, die unseren Weg gar nicht kennenlernen und mitgehen wollen.

Um Konflikte zu lösen, müssen wir aufhören, streiten und kämpfen zu wollen; sollten wir den Weg zu uns selbst finden und ihn einfach, aufrecht, ehrlich, stolz gehen. So können wir erreichen, dass man uns nicht mehr *hinters Licht* führen kann, sondern wir gehen einfach geradeaus *ins Licht*, in ein neues Bewusstsein und lassen das Alte einfach hinter uns.

Mit der Übung *Die Liegende Acht* gehen wir durch ein Tor, das uns den Zugang schenkt zu jenem „Lichtraum", der uns aus den alten Gefängnissen beleuchten kann und herausführen kann. Dies ist ein Weg, den viele Menschen schon im Yoga üben, in vielen Meditationsformen und im Gebet; in einer Stille und im Frieden mit sich selbst, die unangreifbar machen kann gegen vieles, was in der neuen Welt gar nicht gebraucht wird. Dies hilft uns auch, aus dem alten System von Schuld und Schulden herauszukommen. Ganz real, praktisch.

Im Weltbild der Polarität gibt es Angreifer, Eroberer und Feinde, die angeblich besiegt werden müssten. Was macht den Eroberer in uns aus? Wo kommt er her? Ist er fester Teil eines polaren Weltbildes? Brauchen wir Schuldsysteme, Geld, andere Formen der Abhängigkeiten? Brauchen wir Intrigen gegen uns selbst und somit gegen andere? Ein Spiel mit Regeln, die dem Prinzip des Erobernwollens und der Ausbeutung dienen, nicht dem Weg zu Frieden und Gesundheit. Das bewusste, kalkulierende Nichtbeachten der Göttlichen Gesetze führt zu Rachestrategien, nicht zu Souveränität, nicht zum Frieden.

Brauchen wir das alles noch? Wollen wir das alles noch?

Nein.

Im *Samadhi* gibt es kein Geld, nur ein Austauschen und miteinander Teilen von Fähigkeiten. Ohne Trigger, Falschheit, Hinterlistigkeit und derlei mehr. Dies erlaubt die Verabschiedung von Entfremdung jeglicher Art, wir erkennen das absolut Verbindende, Gemeinsame, das alles und alle nährt – reine Liebe, reines Licht.

Wie gehen Indianer und die Nomadenvölker Asiens, Arabiens und Afrikas damit um? Sie bauen Zelte und Herzzentren auf und ziehen dorthin, wohin ihre Tiere als Lebenspartner fressen können; sie erobern, wenn überhaupt, nur, um ihren Grundbedarf an Lebensmitteln finden zu können.

Die Idee des Erobernwollens ist eine Übersteigerung dieses Grundbedürfnisses, aus der Angst, es reiche nicht hier und nicht da, nichts könne für irgendetwas genügen. Das ist der Punkt, wo bestimmte Kräfte uns alle antriggern können; sie versuchen uns weiszumachen, es reiche nie, gleich welche Anstrengung wir unternehmen würden. Dies kann leicht in die Zwangsvorstellung führen, in denen wir in einem Opferbewusstsein um Verständnis betteln sollen für Haltungen, Meinungen, Überzeugungen, Entscheidungen und Handlungen, die wir oft eigentlich gar nicht wollen. Reine Sisyphusarbeit.

Wann und wie legen wir den Eroberer und den Ausbeuter in uns ab? In dem wir Dankbarkeit und Genügsamkeit pflegen, uns wie Nomaden dankbar auf das Wesentliche im Leben reduzieren und dieses friedlich miteinander teilen. Ein solches Verhalten kommt dem Sein im *Samadhi* inmitten dieser Welt sehr entgegen.

Die Idee des Westens scheint verbunden mit der einen Polarität, dem Erobern und dem Sonnenuntergang, dem Niedergang des Lichterlebnisses. Im Osten geht die Sonne auf, kann uns Erleuchtung schenken und wir begrüßen sie dankbar mit einem „Sonnengruß". Wieso sind wir noch so sehr von Sonnenuntergängen beeindruckt, statt früh morgens mit Blick in eine helle Zukunft nach Osten zu schauen und die Sonne für einen ganzen Tag lang in uns zu speichern und wirken zu lassen?

Wo sind hier bei uns die blühenden Wiesen für den inneren Indianer, für sein Leben in Weisheit im Umgang mit *Samadhi* im Hier und Jetzt? Zu den Wurzeln des Indianischen gehört die Verbundenheit mit der Natur, Dankbarkeit für die Vielfalt in ihr, wenn sie angemessen genährt wird; auch durch ihre Medizinfrauen und Medizinmänner, ihre Weisen, welche nach den Bedürfnissen der Natur fragen, damit die Natur Mensch, Tier und Pflanzen gut ernähren kann. Bei diesen Bedürfnissen geht es um die Rückführung zu den Göttlichen Gesetzen, zu den *AGBs der Biologie*, zu Gott. Dann haben auch der Mensch und alle anderen Bewohner der Welt genug von allem, was sie wirklich brauchen.

Eine Geschichte lautet: Die Bewohner eines Dorfes beklagen sich bei einem Schamanen, dass es monatelang nicht geregnet habe und die Ernte für alle sehr in Gefahr sei. Der Schamane zog sich für einige Tage in ein Zelt zurück und meditierte, rief die Götter der Weisheit. Nach einigen Tagen begann es zu regnen und man staunte im Dorf und freute sich.

Auf die Frage, was der Schamane denn nun getan habe, antwortete er: „Ich habe die Energie der Angst in diesem Dorf in die Energie des Kosmos zurückgeführt; denn die Natur lebt nicht von unserer Angst, sie lebt von unserer Freude."

Auf diesem Weg braucht es Geduld als Ausdruck der Liebe im *Samadhi*, wirkliches Wissen, Weisheit des Lebens an sich in Demut, Beständigkeit, Beharrlichkeit – verbunden im Absoluten.

Samadhi ist Liebe, ein „Raum" der wirklichen, kosmischen, bio-logischen natürlichen, Weisheit; ein „Raum", in dem nichts und niemand weglaufen und sich einer Ver-Antwortung entziehen muss, nicht braucht und nicht kann, weil alle Antworten bereits in diesem „Raum" eingebettet sind. *Samadhi* ist frei von allen Irritationen, allen Lehren, allen menschlichen Schriften, aller Konkurrenz, allen Intrigen. Es gibt nichts vorzuwerfen und nichts zu verzeihen, *Samadhi* ist frei von all diesen Konstrukten – sie IST radikale Ehrlichkeit.

Radikal heißt und ist „wurzelbezogen". Dies bezieht alle unsere spirituellen, energetischen, physischen und gedachten Wurzelsysteme mit ein – ein universelles System, das immer nach vollkommener Harmonie in Selbstregulation strebt, von ganz alleine, um sich selbst zu erhalten und damit allem zu dienen. Haben wir dieses Zusammenspiel, die unendliche Synthese und Symphonie verstanden, haben wir auch für alles und alle einen sinnvollen Platz in diesem Universum gefunden. Wir überwinden lineares Denken, Gefühle denken, Gedankenkonzepte erfinden und derlei mehr; immer mehr gelangen wir in das Erfühlen des Seins und lassen uns beschenken. Mit allem, was unserer Entwicklung guttun wird. Vertraue darauf.

Der Zugang zu diesem Sein ist unsere *Fünfte Herzkammer*, der Sinusknoten unseres körperlichen Herzens, jenes Tor in der Mitte unserer beider Herzhälften (beachte die Analogie zur Liegenden Acht). Wer eine Sinuskurve spiegelt, hat bereits das Bild der Liegenden Acht, das universelle Lebensprinzip „vor Augen". Der Weiße Weg, der Weg des Weisen, der einzige Weg ins freie Licht, heraus aus der vermeintlichen Dunkelheit des Bodens, der nicht durchsichtig zu sein scheint, ist ein Weg heraus aus dem Bild einer (linearen) Sinuskurve in die Vereinigung mit seinem Spiegelbild; und es entsteht eine Liegende Acht. Frequenztechniker und Bioresonanz-Fachleute sprechen von „Inversion". Damit werden alle linearen Vorstellungen von Konflikten gespiegelt und in sich selbst gelöst; auch im Körperlichen. Was bleibt? Leichtigkeit, Beweglichkeit, Lebensfreude, die Lust und die Fähigkeit, ihr Ausdruck zu verleihen!
Der Mensch ist in vielen Bereichen seines Seins und

seines körperlichen Lebens getrennt, außerhalb einer Verbundenheit im Seelischen, im Geistigen und somit fast zwingend auch im Körperlichen. Der Mensch versucht mit allen Kräften, eine Vollkommenheit aufrecht zu erhalten; kaum, dass er einen Konflikt tatsächlich bearbeitet, wird er jedoch in seinem Bemühen als krank eingestuft. Das alleine erscheint ja schon krank, und es ist von dunklen Mächten so seit Jahrtausenden gewollt. Statt den Menschen darin zu unterstützen, in seine freie Selbstheilung zu gelangen, wird er mit allerlei erfundenen Theorien wieder in eine heilungsentfernende Starre hineingeritten.

Die „Spiralübung", die wir in unserem Seminar *„Tage der Heilung"* miteinander machen, auch das Training der Spiralmuskulatur nach Dr. Smisek, haben ihren Beitrag zur Harmonisierung der so wichtigen Spiralität.

Spiralbewegungen werden wieder in uns aktiv, wodurch zahlreiche Blockaden im Seelisch-Geistigen wie im Körperlichen gelöst werden können, ohne über Probleme zu reden. Über die Anwendung, die reine Übung im Geiste mit zwei Spiralen, die nicht *gegenläufig* sind, sondern einander ergänzen (!), entfaltet sich, wie bei der Spiegelung im Beispiel zuvor mit der Sinuskurve, der natürliche Fluss unserer Lebensenergie und sie wird wieder frei für alle Zellen verfügbar. Die Aktivierung der beiden Spiralen und der Liegenden Acht macht den Weg frei für alle Energien, die wieder fließen wollen. Genial einfach.

Erlaubt und aktiviert die bewusste, vollkommene Akzeptanz beider Übungen mit der Bedeutung der Spiralen eine optimale energetische *Beweglichkeit in uns und somit mit allem, was uns mit unserem Energiefeld und dem Samadhi verbindet, geschieht ein Schritt in Richtung Genesung;* wovon auch immer...

Die Homöopathie, gerade in Indien eine hervorragende Kunst, ist übrigens dazu bestens geeignet! Sowohl die Klassische Homöopathie nach S. Hahnemann, als auch die Predictive Homöopathie nach Dr. Prafull Vijayakar können hier eine wunderbare Hilfe sein.

Somit kann alles in unserem Leben wieder in ein dynamisches Lot kommen zwischen einem Oben, einem Unten, einem Links, Rechts und sonstwas... Denn die Entwicklung des Lebens an sich verläuft nicht in der Linearität zwischen einem Pol und einem anderen, sondern in Spiralformen, die Entwicklung erlauben. Damit wir über die Spiralbewegungen, die sich in allem finden, was ist (!), wieder

in unseren Torus finden können, der in den vollkommenen Ausgleich in allem und mit allem mün-
det. Von alleine...

Samadhi

Alles fließt in einem großen Torus

in wunderbarem Einklang mit und in allem, was ist

Dein Leben

Netzfund – „@xperte_0815" – Ulrich Schaffer

DU, Du BIST. Dein Leben hat begonnen. Ein Startpunkt wurde gesetzt und jetzt rollt es ab.

Aber spürst Du DEIN Leben? Hörst Du Dein Leben, oder ist es das Leben anderer?

Kennst du Dich? Kennst Du Dich wieder in dem, was Du tust und wie Dich andere behandeln, oder wirst Du Dir immer fremder?

Bist Du bei Dir?

Du, Dein Leben ist einmalig, in all seiner alltäglichen Freude und in seinem Schrecken.

Hörst du das Leben in Dir klopfen?

Es meint Dich, es ruft Dich und will zu Dir gelangen.

Dein Leben wartet auf Dich. Es will von DIR gelebt werden. Es wirbt um Dich, es will Dich.

Nimm Dein Leben zurück und lass es nicht von anderen leben. Sie können es nicht, es ist nicht ihr Leben.

Du, erinnerst du Dich an Deine Träume? Weißt Du noch, was Du alles wolltest? Oder hast du vergessen, dass Du einmal voller Sehnsucht nach vollem, lebendigem Leben warst? Hast Du aufgegeben, wirklich zu leben, weil es zu anstrengend war?

Hast du dich an das Absterben gewöhnt? Bist Du vor den Schmerzen geflohen, die mit jedem intensiven Leben kommen? Sitzt du Deine Zeit jetzt nur ab, grau in grau, ohne die Farben der Hoffnung?

Du, Du musst wieder zu Deinen Sehnsüchten finden, zu Deinem Hunger nach mehr. Doch zurück kannst Du nicht.

Stürze Dich in die Zukunft, indem Du jetzt überlegst, was Du überhaupt willst. Was willst Du? Gibt es ein Ziel in Dir?

Bist du beseelt von einer Sicht, von einem Weg, von einer Zukunft? Hast Du Hoffnung?

Siehst Du die Türen, die Dich einladen?

Du, was Dich erfüllt, wird sich in Deinem Leben abzeichnen. Was in Dir wohnt, wird sich in Deinen Handlungen ausdrücken.

Was Dich innerlich erleuchtet, wird in Deinen Augen sichtbar werden. Wonach Dein Herz sich sehnt, wird Deine Sprache bestimmen.

Innen und außen sind eins.

Du, er steht neben Dir. Nenn' ihn Leben oder den Lebendigen. Nenn' ihn den Sehnsüchtigen, der nach Dir Ausschau hält.

Er hält Dich, wie ein Bruder, wie eine Schwester, wie ein Vater, wie eine Mutter, und mehr als alle diese.

Nenn' ihn Deinen Geliebten. Nichts Anderes hat er im Sinn, als DIR DEIN Leben zu geben und es Dir zu erhalten.

Wirf es nicht weg. Es ist unendlich kostbar.

Entdecke das Wunder, das DU bist.

Sehnsucht

Ich entlasse mich aus der Gefangenschaft von
jeglicher Sehnsucht und bin frei von allen Vorstellungen, wie mein Leben verlaufen sollte.

Ich schenke mich dem *Samadhi* im Hier und Jetzt
und lasse alles fließen, wie es für mich und für uns
alle gut ist.

Ich gebe mich der Freiheit im Meer aller Möglichkeiten hin und fixiere mich nicht mehr an bestimmte Vorstellungen, entlasse dabei auch alle
anderen Wesen aus meinen Projektionen.

Ich gebe jeden Wunsch und Anspruch auf Kontrolle
und Besitz auf, in welcher Form auch immer.

Nichts halte ich mehr fest, binde es nicht mehr an
meine Vorstellungen von Glück;
ich lasse geschehen, was aus meiner reinen Seele zu
mir finden soll, was auch immer dies sein mag.

So kann Freiwilligkeit entstehen, die Menschen
wieder auf neue Weise zusammenführen kann,
nicht muss.

Und so ist es gut, denn nur in dieser Freiheit und in diesem freien Willen alleine kann Gutes entstehen; Ich werde es mit Dankbarkeit und Freude erkennen und annehmen.

Ich akzeptiere die Gesetze des Universums, das Seinen Willen erfüllen will und ich stehe dem nicht mehr mit meiner begrenzten Phantasie und Vorstellungen im Wege.

Herr, Dein Wille geschehe!

Entschlossen, Unendlichkeit und Ungewissheit

Netzfund – Jeff Foster zu umarmen

W as braucht dieser Moment?

Verantwortung zu tragen bedeutet, in der Lage zu sein, aus einer Klarheit heraus antworten zu können und nicht aus einer Position des Widerstandes, aus Gewohnheit oder Unbewusstheit. Es bedeutet, in der Lage zu sein, Deine eigene, authentische und direkte Reaktion in jeder auftretenden Situation zu erspüren.

Es bedeutet, bereit zu sein Dich zu entspannen, präsent zu sein, Dich in die Energien, die sich IN DIR bewegen wollen einzufühlen, ohne sie zu betäuben oder Dich von ihnen abzulenken.

Es bedeutet, den Mut zu haben, DIR SELBST zu vertrauen und alle abgenutzten Vorstellungen darüber, was „richtig" ist oder „moralisch", loszulassen.

Es bedeutet, sich aus der Knechtschaft der ordnungsgemäßen Reaktion, wie sie in den „Heiligen

Schriften" geschrieben steht und von den vorherrschenden, subjektiven Ideologien unserer Zeit zu befreien.

Es bedeutet, dem Leben zu begegnen - nackt. Eigenständig zu sein. Der Intelligenz des Lebens zu erlauben, sich durch DICH hindurch zu bewegen. Ein Kanal der Wahrheit zu sein.

Nicht mehr in der Schlacht zwischen „richtig" und „falsch" gefangen zu sein, zwischen „Gott" und dem „Teufel", sondern sich innigst mit diesem Moment zu verbinden.

Das, was lebendig ist, zu berühren, hier und jetzt. Hinzuhören, wirklich hinzuhören, was dieser Moment benötigt, nicht, was das Selbstbild will. Entschlossen zu sein, die Ungewissheit zu umarmen.

Bild: Werner Neuner, www.neunercode.com

Auf meiner Reise durch die Unendlichkeit

erkenne ich die absolute Vernetzung von allem;

ich segne jeden Augenblick meines Lebens,

vertraue mir selbst und meiner Quelle

und erwarte nur das Beste

Jetzt

*Ich erlöse meine Seele von jeglicher Schockstarre durch
Angst, Trauer, Wut, Verzweiflung und Verunsicherung*

*Ich verbinde sie mit der Weisheit und Zuversicht
meines Inneren Weisen, meines Inneren Magiers
und Alchemisten*

*Gemeinsam erschaffen wir eine wunderbare Welt
in begründeter Zuversicht*

*Meine Begründung ist purer Lebensmut und Lebens-
freude, Lust an einer wunderschönen Gestaltung meines
ganzen Lebens mit all meinen Talenten*

*An der Seite vieler Gleichgesinnter und Freunde
in Liebe und Geborgenheit, in Leichtigkeit und Freiheit,
in innerem und äußerem Wohlstand*

Geschichten
und mehr

Die folgenden Geschichten und Texte mögen unsere Fantasie anregen, wie für die unterschiedlichsten Wesen ein eigener Weg in ihr *Samadhi* verlaufen könnte – jenseits aller gewohnter Vorstellungen, jenseits unserer gewohnten Routine in Begrenzungen und einem angeblich Möglichen...

Möge unser kindliches Gemüt frei werden von anerzogenen und gelernten Mechanismen; mögen wir einen Eindruck von einer anderen Realität wiederfinden und sie erinnern, damit wir wieder jenen Freigeist leben, aus dem wir kommen.

Denn dies kann einfach glücklich machen. Und so soll es sein, das Leben: frei und glücklich, auf Augenhöhe mit allem, was ist, in vollkommener Seelenruhe, im Vertrauen auf eine höhere Führung und in einer vollkommenen Wahlfreiheit.

„Jede Schönheit, die hier von wahrnehmenden Menschen gesehen wird, gleicht mehr als alles andere der himmlischen Quelle, aus der wir alle stammen." (Michelangelo)

Das Tiefflugschaf

Bild: Lisa-Michelle Wollinger

Ein Schaf lief über den Norddeich. Dort, weit oben im Norden, wo Gegend und Meer einander streicheln. Und das Schaf lief und lief, stand gelegentlich und schaute, fraß und guckte, schnupperte, legte sich hin und fraß abermals ...

Wie das Schaf heißt? Noch haben wir keinen Namen für dieses Schaf, doch es geht die Mär, dass dieses Schaf aufgrund eines besonderen Erlebnisses schlagartig zu fliegen begann ...

Nun sind Schafe aufgrund ihrer Natur ein wenig behäbig und können, normalerweise, keine besonders große Höhe gewinnen, auch wenn sie sich noch so beim Fliegenversuchen anstrengen... So nennen wir das Schaf *Das Tiefflugschaf*, kurz: *TFS*.

Unser TFS lief nicht mehr wie früher wie ein gewöhnliches Schaf auf dem Norddeich, hin oder her oder auch hin und wieder zurück, legte sich auch nicht mehr so oft hin, sondern es stand des Nachts und flog des Tags...

Die übrigen Schafe am Norddeich bemerkten das nicht unbedingt mit Wohlwollen, einige waren sogar der Meinung, diese Entwicklung sei für die Gesellschaft der Schafe außerordentlich ungünstig. Andere sprachen gar von Verrat! Doch waren es nicht immer geniale und revolutionäre Ereignisse, die die Menschheit oder die Schafheit nach vorne gebracht haben...?

Und so machte sich unser TFS eines Tages auf den Tiefflug durch die deutschen Lande. Es begegnete großen Eichenbäumen und Türmen; nicht, dass sich die Leuchttürme vor lauter Angst vor fliegenden Schafen weit ins Land zurückgezogen hätten... Unser TFS begab sich auf eine lange Reise durch das Hinterland der nordischen Seen und des Meeres und, wir wollen mal schauen, was unser TFS im Laufe seiner Flüge alles erlebt.

Natürlich macht sich so ein Schaf auf seinen Tiefflügen so seine Gedanken – was soll es denn machen beim Fliegen, es wäre ja sonst langweilig. So ein TFS hat ja noch nicht viele Reiseberichte von anderen Schafen gehört und erlebt, weil fliegende Schafe am Norddeich und auch anderswo verhältnismäßig ziemlich selten sind. Da Norddeichschafe auch des Lesens nicht besonders mächtig sind und somit nicht tagtäglich Nachrichtenblätter lesen können, sind sie auf persönliche, äh, schafliche, Erfahrungen auf ihrer Tiefflugreise angewiesen.

Von den Weltenläuften einigermaßen unbeleckt, flog unser TFS also in Richtung Süden. Kaum waren die ersten Eichen und Leuchttürme unter ihm verflogen, näherten sich höchst eigenartige Gebilde bis in die mittleren Höhen, die sich bald als die sogenannten Berge erwiesen. Das Besondere an Bergen ist die Gelegenheit, sehr umfangreich und landläufig, um nicht zu sagen luftläufig, um die Berge herum zu fliegen, und jedes Mal eine neue Entdeckung zu tätigen.

So entwickelte sich bei unserem TFS im Laufe seiner zahlreichen Umrundungen der Berge auch geradezu tolle Fähigkeiten, wie mit Adleraugen, Mäuse und noch kleineres Getier zu entdecken, und so bekommt das TFS beim Fliegen auch jede Menge Hunger... Höhenluft macht hungrig, heißt es, und sowohl Höhenluft als auch Hunger sind ja nun außerordentlich gesund. Auch für ein TFS.

Manchmal landete unser TFS immer wieder auf einem der wunderschönen Berge und musste aufpassen, dass die Landungsversuche nicht in irgendwelchen Baumwipfeln endeten, sondern auf schönen Wiesen, wo man elegante Landeanflüge machen konnte. Man stelle sich so ein TFS mal vor, wenn es im Landeanflug über die Wiesenkräuter schliddert und dann irgendwo zwischen Brennnesseln und seltsamem Buschwerk, mit den Ohren wackelnd, irgendwie zum Stillstand kommt.

An einem schönen lauwarmen Sommerabend landete unser TFS, sagen wir, in der Gegend von Detmold. Detmold ist eine wunderschöne Stadt und die Umgebung ist noch viel schöner, da, wo es keine Detmolche gibt... Diese sind nicht nur innerhalb der Stadt ausgesprochen zahlreich, sondern auch außerhalb derselben, sozusagen im Gebirge, und auch auf und im dortigen Erdreich höchst aktiv...

Und wenn so ein TFS so einem Detmolch begegnet, dann muss dieser seinen Kopf sehr gut beobachten;

weil, es könnte so ein Schaf wie das TFS kommen und, so ähnlich wie am Norddeich, so einem Molch plötzlich den Kopf entnehmen... So ein TFS ist ja mitnichten nur ein Grasfresser, so eine Art Fräulein „Mahlzahn" sozusagen, nein es genießt auch durchaus so den einen oder anderen Fleischhappen, sehr intensiv und freundlich; und so ist ihm so ein Detmolch vielleicht schon mal recht willkommen... Und, da es in Detmolch viele gibt, die sich an lauschigen Sommerabenden in der freien Wildbahn aufhalten, kann das unserem TFS nur Freude machen.

Schmatzend läuft unser TFS jetzt nicht über den Norddeich, sondern durch die detmolcher Gärten und Wiesen. Auch Kühe und Ziegen, ja, und natürliche, sehr gewöhnliche Inlandschafe, bodenständig, die den ganzen Tag gelangweilt auf dem Boden hin und her laufen, gibt es natürlich in der detmolcher Umgebung und die kann man als TFS toll überraschen...

Überall hat es solche Tiere und die wollten natürlich wissen, ganz erschrocken und in Furcht aufgelöst, und ja: wo kommst du denn her, du komisches Schaf, und was hast du zu erzählen?! Es kommt ja nun nicht jeden Tag vor, dass da so zwischen Paderborn und Detmold anstatt eines Kleinflugzeuges plötzlich so ein tief fliegendes Schaf aufkreuzt... und auch noch landet!

Ja, und die ganzen Molche und andere waren da natürlich neugierig, die wollten das schon ganz genau wissen, was unser TFS dort macht, wie seine Reise war und so weiter.

Sagte unser TFS: früher lief ich über den Norddeich; mei, das war aufregend, eijeijei... Was macht ihr denn hier unten, fragte das TFS seinerseits und die Tiere sprachen: nun, wir Ziegen und Kühe wir laufen hier auch nur hin und her.

„Oh, wie aufregend", sagte unser TFS, „wie aufregend!" Also – ich hab da etwas ganz Besonderes zu erzählen. Aber jetzt muss ich erst mal auf eine meiner vielen Abenteuerreisen und dann habe ich euch viele, viele Märchen aus 2000 und einer Nacht zu berichten; es können auch 2002 oder 2003 Nächte werden... (So eine Kuh oder eine Ziege hat ja nun auch keine Zeitvorstellungen oder gar Zeitprobleme und ist einfach nur da, ist halt da und dort...). Also sprach das TFS so zu den Ziegen, Kühen und Detmolchen und was da sonst noch so herumlief.

Nun, liebe Kinder, gebt fein Acht, morgen hab´ ich was Neues mitgebracht... Und, wenn ihr ganz viel Lust habt und ganz aufgeregt auf morgen wartet, könnt ihr euch ja schon mal einen Namen für unser TFS ausdenken: wie wäre es mit Martha oder Ingolf?

Ludmilla könnte auch passen... Habt ihr eine Idee?
Dann hebt sie euch für Morgen auf und schreibt Eure
eigene weitere Reise des TFS.

Gute Nacht und Tschüüüüß...

Netzfund aus „Experte 0815 – Herzschlag der Erde"

Das erkältete Sandkorn

Es war einmal ein Sandkorn, das lief völlig verwirrt in der Wüste einher. Hin, und wieder zurück und suchte nach seiner Mamma. Je lauter es schrie, desto intensiver kam die Antwort zurück: auf „Mammmmaaaa" erscholl aufgrund der doch recht zahlreichen Wüstensandkörner ein laut und weithin schallendes „jaaaaaaaaaaaaaaaaaaaaah" sodass das arme Sandkorn gar nicht mehr wusste, woher das „Ja" nun kam. So irrte es eine ganze Weile durch die wüste Landschaft.

Die Wüste, so muss man wissen, lebt heftig so vor sich hin und das tut sie vorwiegend in Form von Dünen, so ähnlich wie am deutschen Nordmeer. Wüstendünen sind allerdings sehr viel größer und da kann es schon mal vorkommen, dass so ein kleines Sandkorn über den Haufen gedünt wird.
Unser kleines untergedüntes Sandkorn saß jetzt da jetzt im tiefen Dunkeln und hatte viele Mamma- und Papa-Sandkörner vor, hinter, neben, über, unter und auf sich und eigentlich wusste es gar nicht mehr, wo es war. Das mochte das kleine Sandkorn aber gar nicht und schrie laut: „Hiiilfe ich bin untergedünt, eingesandkornt!!!„

„Ja", sagten die andern Sandkörner, „das sind wir auch, und? Stell´ Dich doch nicht so an". Da tat es einen großen Blitz in unserem kleinen Sandkorn, ein Blitz fuhr durch seinen ganzen Körper, erschütterte ihn, reizte ihn zu Tränen und mit einem lauten HATSCHI noss er heftig vor sich hin. Unser Sandkorn hatte sich erkältet...

Was meint ihr, was dieser Nieser ausgelöst hat? Genau: einen Dünenrutsch, einen Sandrutsch, Erde war grad keine da. Und dann erblickte es das Licht der Wüste, schaute in die Sonne und nieste abermals... Hatschi!

Und wenn Du, nun in Deinen Träumen heute Nacht, das „Hatschi" hörst, dann umarme das kleine Sandkorn und wärme es.

Die Reise der Fliege

Es begab sich dereinst, in einem fernen Land, folgende Geschichte:

Auf einer großen Wiese, dicht am Waldesrande, mit einer herrlichen Aussicht auf die fernen Berge, stand ein altes Haus. Ein Bauernhaus, wie Ihr es sicherlich aus Bilderbüchern oder von Reisefotos kennt. Dieses große Haus hatte einen riesigen Abenteuerspielplatz, nämlich einen großen Dachboden. Dachböden sind eine wahre Goldgrube für spannende Geschichten...

In einem alten Schrank, so aus Urgroßmutters Zeiten, mit leicht verkanteten Türen, hingen zwei alte, leicht abgenutzte Anzüge, Jacken und Hemden – und eine Fliege, wie man sie zu festlichen Anlässen trägt. Mäuse gab es natürlich auch auf dem Speicher, und sie waren neugierig, was sich denn wohl in diesem Schrank verstecken würde, vielleicht war ja etwas zum Fressen drin?

So fanden sich die Mäuse zu einer kurzen Versammlung zusammen und befanden, mit vereinten Kräften eine Schranktür zu öffnen und sie klemmten sich zwischen die Ritzen und drückten und schoben; und endlich, nach langen, heftigen Anstrengungen, schafften sie es. Langsam, mit lautem und geheimnisvollem Knarren, öffnete sich eine Tür und die Mäuse feierten diesen Augenblick. Dann sahen sie sich um und erkannten die Kleidungsstücke und eine Fliege, wie man sie manchmal zu festlichen Anlässen trug. So etwas hatten sie auch noch nicht gesehen, schauten einander etwas ratlos an und eine der Mäuse fasste sich ein Herz und rief laut piepsend in Richtung Fliege: Hey, was bist Du?

Doch die Fliege war erst mal stumm; nach einer kurzen Zeit jedoch erwachte sie aus einem langen, langen Schlaf, schüttelte sich und hörte das Piepsen. Gleichwohl verstand sie die Frage der Maus nicht und schwieg, schaute sich um und entdeckte: Licht. Ein Stoß durchfuhr sie und sie erkannte die Gelegenheit, ihr Gefängnis einfach und kurz entschlossen zu verlassen und so schüttelte sie sich so heftig, dass ihre Bänder sich lösten und sie zu Boden fiel. Die Mäuse erschraken denn doch bei diesem Fall und suchten erst mal das Weite...

Der Dachboden war reichlich von Spinnweben durchsetzt, so auch das schräge Dachfenster, was die Fliege nicht davon abhalten konnte, sich in Richtung Fenster und Licht zu bewegen und ihre

Flugkünste zu erproben. Das Fenster stand einen kleinen Spalt weit offen und die Fliege erkannte ihre große Chance, in eine neue Freiheit zu gelangen. Da war denn auch kein Halten mehr; sie fasste all ihre Kräfte zusammen, drängte sich durch den Spalt und befand sich auf dem Dach. Tauben stoben entsetzt auf und verließen fluchtartig den aufregenden Ort; sie waren ja schon manche Überraschung gewohnt, aber eine Fliege aus einem Dachfenster schlüpfen verwirrte sie denn doch erheblich...

Die Tauben also flogen davon, die Fliege verschnaufte einen Moment und verschaffte sich einen Überblick über ihre Lage. Da erinnerte sie sich, selbst sehr überrascht, dass sie bereits vom Schrank auf das Dach geflogen war und freute sich sehr darüber; sie erkannte, dass nun auch ein Flug möglich wäre, der sie weiterführen sollte als ihr es jemals vorstellbar gewesen war.

Mit einem großen mutigen Satz, schwang sie sich in die Lüfte und flog einfach los. Und siehe, es klappte alles nach Wunsch, auch jede Richtungsänderung gelang von alleine, toll!

Als Nächstes erkundete sie erst mal ein wenig die Umgebung und lies sich in einem kleinen Park auf einer Bank nieder. Aufgeregt und ein wenig erschöpft, suchte sie nach einem erneuten Ziel und fand es in einem Einkaufswagen eines kleinen Supermarktes. Mal schauen, was jetzt passiert, sagte sie sich, und hielt sich an den Stäben des Einkaufswagens fest. Und schon kam ein Mann daher, etwas älter und behäbig, nahm den Wagen mitsamt der Fliege und schob alle drei durch den Supermarkt.

Er fand die bunte Fliege lustig und war gerade im Begriff, sich diese sogar umzuhängen, einfach aus Spaß. Doch die Fliege erkannte intuitiv, dass dies nicht in die neu gewonnene Freiheit führen würde und schwang sich in die Luft und strebte flugs dem Ausgang entgegen. Der Mann blieb fassungslos zurück und brauchte wohl auch eine Zeit, um das Geschehene zu erfassen zu können, was ihm jedoch nicht wirklich gelang.

Die Fliege war in der Zwischenzeit wieder auf einem Dach gelandet, erholte sich von ihrem Schrecken und begann, weitere Pläne zu schmieden. Sie beschloss, diesen seltsamen Ort rasch zu verlassen und folgte ihrer Erinnerung, in denen irgendwann irgendjemandem von einem warmen, sonnigen Land erzählt hatte, von Afrika, Marokko, Tunesien, einem Ägypten!

Sie erspähte ein Zeitungsgeschäft, das sie schon mal auf einem Spaziergang ihres früheren Besitzers kennengelernt hatte; sie freute sich über die Erinnerungen an eine gute, interessante Zeit, die jetzt plötzlich nur so sprudelten. Also schaute sie nach einer Zeitung von Afrika, entdeckte auch eine solche auf einem Tresen, sogar mit einer Landkarte. Sie fand locker einen bequemen Platz und studierte die Landkarte, so gut sie konnte.

Ein nächster Kurzflug in ein nahegelegenes Café gab Gelegenheit, sich der weiteren Flugpläne zu widmen. Die Karte von Afrika im Kopf rätselte sie nun, wie sie sicher und möglichst bequem über ein beschriebenes großes Wasser gelangen könnte, das auf diesem Weg nach Afrika zu liegen schien.

Wie das in Märchen so üblich ist, erfand unsere Fliege die märchenhaft-nächstliegende Lösung: sie bestellte sich beim Universum einen fliegenden Teppich, der sie sicher über unruhige Wasser schweben lassen und nach Afrika, in das Land der Sonne und der Dünen, bringen sollte – und es geschah!

Teppiche kannte sie schon von früher in dem edlen Hause, in dem sie früher mal gelebt hatte.

„Wetter" kannte unsere Fliege nur aus ihren alten Tagen und da war es immer angenehm gewesen; nichts Anderes ahnend nahm sie auf dem kleinen Teppich Platz und besprach mit diesem ihre großen

Reiseziele. Nun wollte es der Zufall, dass der kleine Teppich vor noch gar nicht so langer Zeit aus Marokko herausgebracht worden war und es dem Teppich als große Ehre erschien, endlich wieder in die Heimat zurückreisen zu können. Und, ungewöhnlicherweise, dies auch noch in Begleitung einer Fliege!

Alles versprach, eine ganz besondere Reise zu werden; die beiden wurden sich rasch einig, sprachen sie doch auch die gleiche Sprache: stumm.

Die beiden neuen Reisepartner hatten sicher keine Ahnung, worauf sie sich gerade eingelassen hatten und eben dies macht ja das Spannende in solchen Geschichten aus - keiner weiß, was kommt. Wie wohl im Leben von Menschen, die viele Pläne machen, aber meist ohne den lieben Gott...

Reise nach Afrika

In sommerlicher Wärme begannen sie ihre gemeinsame Reise. Je weiter sie in die Nähe des großen Wassers kamen, desto wärmer wurde es, und windiger auch. Dann kam die Stunde, da das große Wasser vor ihnen und bald unter ihnen lag. Heiß und trocken die Luft, Angst in ihnen vor der Berührung mit dem ungewissen Wasser unter ihnen, in der Ferne einen Sandsturm erspähend, landeten sie irgendwann nach heftigem Hin und Her in Afrika und der Teppich erinnerte sich: dies musste seine Heimat Marokko sein.

Die Farbenpracht, die sie erlebten, war beeindruckend, die typischen Gesichter und Häuser, flimmernd in der prallen Sonne stehend, den Sand überall und stets den Klang einer geheimnisvollen Symphonie von Farben und Klängen. Ungewissheit und Spannung wichen einer seltsamen Vertrautheit von Heimat, Gemeinschaft, trotz aller vermeintlichen Gegensätze.

Während sie gemächlich Marokko überflogen, das eine oder andere staunende Gesicht erblickend, wandten sie ihre Route gen Osten, nach Tunesien. Auch dort erlebten sie Ähnliches. Nach gefühlten 1001 Nacht des Fliegens und Staunens kamen sie nach Ägypten, flogen dem Nil entlang und überflogen Pyramiden und viele andere seltsame Gebäude, geheimnis- und geschichtenumwoben, fremd und doch irgendwie seit ewigen Zeiten vertraut.

Sie erlebten Freiheit; mit nichts Bekanntem aus ihrer Heimat konnte man ihre Erlebnisse vergleichen. Der große Eindruck dieser Reise grub sich tief in ihre Herzen und später, im alten Zuhause, würden sie davon berichten, z. B. den Mäusen und Tauben; Menschen würden ihnen angesichts ihrer Erscheinungsform wohl gar nicht glauben...

Schon nach wenigen und doch so langen Tagen und Nächten zog es sie wieder zurück in ihre alte Heimat. Hatten sie doch endlich so viel Freiheit erfahren und genossen, staunen dürfen, dass sie sich reich beschenkt fühlten – mit Geheimnissen, für die sie kaum Worte fanden; wozu auch? Wer sollte ihnen zuhören, außer ihrem Schöpfer…

So machten sie sich denn auf ihre Heimreise nach Europa. Diesmal nahmen sie den kurzen Weg über Griechenland und andere Länder und letztlich landeten sie wieder in ihrer Stadt, von wo aus sie gestartet waren. Mit Namen hatten sie es nicht so, doch es fühlte sich gut an und gab Gelegenheit, zur Ruhe und innerer Betrachtung zu kommen und vielleicht auch Pläne zu schmieden für neue Reisen, für Neues in ihrem Leben.

Nun, auch das Leben einer Fliege und eines Teppichs ist eine Reise durch ein Leben, durch viele Leben vielleicht; bei Fliegen und Teppichen weiß man nicht so viel davon. Wir Menschen jedoch sind auf einer langen Reise mit vielen Abschnitten, die wir Leben nennen. Und jedes Leben ist auch Heimat. Vorübergehend. Jede Fortsetzung ist in Euren Träumen erlaubt – also, träumt diese Geschichte weiter, wenn ihr wollt!

Samadhi

*Sonne, Wind, Wasser, Erde – alle Elemente auf einmal
in harmonischer Symbiose und natürlichster Schönheit*

Freiheit im Sein

Ich erkläre

Ich erkläre

das angeblich Unmögliche

einfach zum Selbstverständlichen,

damit das Machbare geschehen kann;

daher mache ich am liebsten angeblich Unmögliches

Die Liebe unserer Eltern

Die Liebe unserer Eltern
durchdringt und begleitet uns immer und überall

Sie kann uns nicht verloren gehen,
wir brauchen sie auch nicht festzuhalten

Nichts geht verloren,
von dem wir ein Teil sind

Öffne dich

Aramäisch: hephatah, haphtach - Griechisch: Ephreda

Dieses ausgesprochene Wort besitzt eine Kraft von bestimmter Synthese des „M-Strahls". Die Worte unserer Sprache können zu mantrischen Potenzen (ägyptisch „Tetu") erhoben werden und üben dann eine ganz neue Kraft aus der Stärkung von innen heraus aus.

Ich gebe meiner Seele nun all den Raum, den sie für mein Glück benötigt. Und mein Glück beschenkt alle anderen.

Ich bin Dankbarkeit, ich bin Liebe, ich bin Lebensfreude, ich bin Vertrauen zu mir und zu meiner Seele; von ihr lasse mich gerne führen.

Ich bitte alles aus meinem Körper und meinem Geist hinaus, was nicht Liebe ist. Ich erlaube nur, was meiner Heilung dient. Die Freiheit der Schöpfung führt zu meiner eigenen Vernunft.

Ich gebe all das Schwere, alle meine Missverständnisse zurück an dorthin, woher ich sie genommen habe.

Ich liebe und umarme meine Angst, weil sie dann gehen kann.

Alle Angst ist vergangen, nur die Liebe ist da. Ich öffne mich ganz und gar für sie.

Ich entlasse alle emotionalen Fixierungen meines Elternhauses und meiner Ahnen. Ich gewinne alle Weisheit und Kraft für mein eigenes Leben in der Freiheit meiner eigenen authentischen Gefühle und dies in ganzer Freiwilligkeit.

Für die Liebe zu mir und zur ganzen Schöpfung.

Ich akzeptiere und erlaube mir jederzeit eine Änderung meiner Routine!

Alle Blockaden, die meinen Energiefluss behindern, lösen sich jetzt auf. Alle Bereiche meines Lebens ordnen sich von selbst.

Ich stehe fest

Ich stehe fest mit meinen Beinen auf der Erde, mein Gang ist leicht und elastisch; mein Schwingen schenkt mir Leichtigkeit und Geschmeidigkeit;

ich fühle meine innere und eigene Rhythmik, meine Kraft und Harmonie. Mit jedem Schritt und mit jedem Atemzug lasse ich alle Belastungen hinter mir;

ich sehe meine Ziele und meine Visionen klar und deutlich vor meinem inneren Auge. Ich schenke ihnen meine ganze liebevolle Aufmerksamkeit und genieße in vollkommener Selbstbestimmung ihre Anziehungskraft. Dann bin ich von Lebens-Freude durchdrungen und mein Glück beschenkt alle anderen;

gerne verzichte ich auf alle Behinderungen auf dem einfachsten und leichtesten Weg zu ihnen und fühle, wie ich schon längst angekommen bin;

ich erkenne alle guten Absichten in mir und in anderen und beschließe Frieden für mich und alle Menschen. Ich bin bereit für eine gute Beziehung. Ich bin bereit zu lieben und für die Liebe Risiken einzugehen;

ich stehe fest auf beiden Beinen auf der Erde, mein Gang ist leicht und elastisch;

ich fühle mich in vollkommener Harmonie und in meiner optimalen Rhythmik;

ich bin frei von allen Belastungen, die ich übernahm und die ich bekam;

meine Wirbelsäule gibt allen meinen inneren und äußeren Bewegungen Leichtigkeit und Geschmeidigkeit.

Das Leben ist ein großartiges Geschenk. Ich nehme es an. Das Leben ist ein großes Spiel. Ich spiele mit. Spielerisch werde ich alles erfahren, was ich wissen muss, um glücklich dieses Leben spielen zu können!

Ich bekomme immer so viel Anerkennung von der Schöpfung, wie ich brauche und verkraften kann. Es macht mir Freude, meine Gefühle offen zu zeigen. Ich allein weiß in meiner Seele, was gut für mich ist. Ich sehe meine Ziele ehrlich, klar und deutlich vor meinem inneren Auge.

Gerne verzichte ich auf alle Behinderungen auf dem einfachsten und leichtesten Weg zu meinem Zielen und fühle, wie ich an meinem Ziel angekommen bin;

ich bin Zufriedenheit;

ich bin Liebe;

ich bin vollkommen heil;

ich bin ich – und das genügt vollkommen.

Ich bin *Samadhi*

Om Klim Atmané Namah

„Möge meine Seele mich führen,
in Frieden mit allem Sein"

*Große Schöpferin, großer Schöpfer allen Seins –
lehre mich, Deine unendliche Liebe,
Deinen Willen zu erkennen und anzunehmen
und meinen Willen zu leben in Deinem Sinn*

Ich bin *Samadhi*

Ich vertraue dem Prozess

Ich vertraue dem Prozess des Wachsens und Werdens

Alles ist Veränderung und ich bin Teil davon

Ich nehme gerne an dem Prozess teil,
der mich und Meines verwirklicht

Auch wenn ich nicht alles bewusst beobachten
und kontrollieren kann

Weil ich nichts mehr kontrollieren will und muss

Ich bin *Samadhi*

Ich gönne mir jeden Wohl-Stand

Ich gönne mir jeden Wohl-Stand

Ich bin in der Liebe, zu mir selbst und allem, was ist

Ich bin in Hülle (Geborgenheit) in mir,
in der bewussten Fülle meiner natürlichen Rechte,
meiner Absichten, meiner Fähigkeiten und Ziele

So stehe ich, mich wohl fühlend,
mit beiden Füßen auf der Erde
und pflege liebevoll meinen Standpunkt
im Hier und Jetzt

Es steht mir zu und es ist mein Auftrag
in diesem Leben, stets im Dienste
meiner selbst, aller Wesenheiten
und der ganzen Schöpfung

Ich bin *Samadhi*

Auf dem Weg zur Liebe

wird mir bewusst,

dass alles Licht als Welle und Magnetstrahl Teil der
Göttlichen Ordnung und damit auch in uns wirksam ist;
alles Licht ist wie ein lebendiges Prisma in uns; es will
aus uns heraus und wir dürfen und können es strahlen
lassen

Gemeinsam können wir dies verstärken und verbreiten,
viele Mittel und Wege können uns dabei helfen
Auf dem Erkenntnisweg zur Kosmischen Klarheit,
der wirklichen Liebe, im *Samadhi*

Miteinander, füreinander, im Hier und Jetzt

Ich bin *Samadhi*

Ich erkenne alle guten Absichten

Ich erkenne alle guten Absichten
in mir und in anderen
und beschließe Frieden für mich und alle Menschen

Ich gebe all das Schwere,
alle meine Missverständnisse, zurück zu ihrer Quelle

Ich schenke meinen Zielen und Visionen in meinem
Leben meine ganze liebevolle Aufmerksamkeit,
dann bin ich von Lebens-Freude durchdrungen und
mein Glück beschenkt alle anderen

Ich bin *Samadhi*

Atme und lächle
Thich Nhat Hanh

Einer der großen Zen-Meister und Lehrer der Achtsamkeit bietet an, bei allem, dem wir begegnen, zu sich selbst zu sagen:

„So wie ich"

Erkenne Dich im Spiegel des Anderen, gleich wie es ausschauen mag. Liebe ihn und jede Situation, gleich, wie anders er oder sie oder es erscheinen mag; ist sie doch Ausdruck unserer Gemeinsamkeit im Sein.

Ich bin Samadhi

Meine Zukunft beginnt jetzt

Meine Zukunft beginnt hier und jetzt

Ich befinde mich in meinem energetischen Gleichgewicht, in
Harmonie meiner Seele, meinem Geist, meinem Körper

Ich bin mir meiner Atmung, meiner Ernährung
und meiner Bewegungen bewusst
Ich nehme mich selbst gerne und intensiv wahr und
befinde mich im Gleichgewicht zu meiner Umgebung

Ich arbeite in einem störungsfreien Klima,
alles ist optimal auf mich und auf einander abgestimmt

Alles erleichtert mir die Umsetzung meiner bewussten
wie unbewussten positiven Zielsetzungen

Ich habe klare Zielvorstellungen von meinem Arbeitsstil und
meinem Arbeitsergebnis

Ich bin entscheidungsfreudig

Ich verzichte gerne auf alle Behinderungen und Umwege und
belohne mich für jeden Erfolg

Mein Leben besteht aus vielen kleinen Erfolgen

Mein Glück beschenkt alle anderen

Ich bin *Samadhi*

WER JEDEN TAG DIE GEGENWART GENIESST,
HAT AN JEDEM NEUEN MORGEN
EINE WUNDERVOLLE VERGANGENHEIT

Denn ich bin gewiss
Paulus, Brief an die Römer, 39

Weder Tod noch Leben, weder Engel noch Mächte,
weder Gegenwärtiges noch Zukünftiges,
weder Gewalten der Höhe oder Tiefe
noch irgendeine andere Kreatur,

können uns scheiden von der Liebe Gottes,
die in *Jesus Christus* ist, unserem Herrn.

Das Gayatri - Mantra

OM

BHUR, BHUVAR, SWAH

TAT SAVITUR VARENYAM

BHARGO DEVASYA DHIMAHI

DHIYO YO NAH PRACHODAYAT

„Mögen unsere drei essentiellen Körper (physischer, emotionaler und mentaler) verbunden sein mit den entsprechenden Ebenen des Universums, möge die Energie der Sonne in uns die Energie des Absoluten erwecken (deren Widerschein sie ist), durch Meditation laden wir diese göttliche Kraft ein, uns vollkommen zu erleuchten. Möge die äußere Welt, die Welt meiner Sinne, gereinigt werden. Möge die feinstoffliche Welt, die Welt meiner Seele, gereinigt werden. Gepriesen seiest du herrlicher Geist, der Du im Inneren erstrahlst und alle Welten mit deinem Glanz erfüllst. Lass mich über Dein Göttliches Licht meditieren und mein begrenztes Bewusstsein ausdehnen, bis es eins wird mit Dir, Du große Sonne von unendlicher Herrlichkeit."

Ihr mögt jedes Mantra aufgeben oder ignorieren, aber nicht das Gayatri-Mantra! Wenn ihr das Gayatri-Mantra singt, wird viel Energie erzeugt, die zu Gott geht, der sie wiederum an andere verteilen wird. **Sai Baba**

Wenn ihr das Gayatri-Mantra in diesem Bewusstsein rezitiert, dann wird es für uns alle möglich, dieses letzte Stadium der Erleuchtung zu erreichen. **Sri Tathata**

Gayatri ist die zweite Gemahlin von Brahma (Schöpfergott); sie wurde zur Schöpfergöttin von Brahma und schuf alle drei Welten und erfüllte sie mit Licht; sie wird auch als das *göttliches Licht* bezeichnet, als *Mutter der Veden*. *Gayatri* erbat sich einen Wunsch von Brahma. Jeder der das *Gayatri Mantra* wiederholen würde, sollte die Befreiung (Moksha) erlangen. Das Gayatri-Mantra bedeutet: Ratspruch, Worte, die eine besondere magische oder spirituelle Kraft in sich tragen; es besteht aus den Wurzeln:

man: denken, fühlen, wahrnehmen
manans: Verstand, Denken, Seele
tram: die helfende und beschirmende Kraft

Das Gayatri-Mantra wurde von dem Weisen Vishmamitra komponiert und ist Arznei für den Sucher auf dem spirituellen Pfad. Es ist ein allumfassendes Gebet, die Essenz der Veden. Veda bedeutet Wissen und das Gebet nährt und schärft das ‚Wissen vermittelnde Unterscheidungsvermögen'.

Das *Gayatri Mantra* besteht aus

Om (Aum): Urlaut der Gottheiten: Akar= Brahma, Ukar= 24 Silben, sie entsprechen den 24 göttlichen Prinzipien. Vishnu; Makar=Shiva, bedeutet: Der Allgegenwärtige; die kosmische Urschwingung

bhur: die physische Ebene /Erde, auch Wahrheit
bhuvah: die Astralebene/ Energie (Prana)
swah(a): die himmlische Ebene/ feinstoffliche Welt (Geist)

tat: DAS was ist (unbeschreibbare Göttliche)
savitur: der EINE, der alles erschaffen hat, die göttliche Sonne der Wahrheit (Brahma)

varenyam: das, was die Herrlichkeit empfängt, was wir selber erfassen können

bhargo: Ruhm, Glanz, das großartige Potential in uns, das Licht mit dem die Dunkelheit des Nicht-Wissens erhellt wird

devasya: göttlicher Aspekt, der sowohl Licht als auch Glückseligkeit schenkt

dhimahi: meditieren

dhiyo: höhere Intelligenz

yo: wer, welcher, der

nah: unsere

prachodayat: Erleuchtung anheben

Heilungsgebet

Das folgende Heilungsgebet wird einige Male komplett laut gelesen; die eigene Stimme integriert es. Mit ein wenig Übung gelingt es, sich immer wieder in die genannten Bezüglichkeiten zu begeben und die Wirkung zu manifestieren. So sprich laut und deutlich, damit Dein Herz und Deine Ohren es hören können:

„Alle Energien aller meiner mich bisher belastenden emotionalen Kopplungen zu all jenen Erfahrungen und ihren Wirkungen, die im Folgenden benannt sind, werden nun in allen unbewussten Vernetzungen und zusammen mit all ihren Reproduktionsmechanismen und deren Reproduzierern in allen spirituellen, seelischen, geistigen und körperlichen Ebenen und in meiner ganzen Aura sowie in all ihren kosmischen Verbindungen achtsam, in für mich angemessener Zeit und Intensität vollständig in Liebe, in Klarheit, in Entscheidungs- und Lebensfreude, in Mut und Tatkraft gewandelt.

Ich befreie mich jetzt von jeglicher Furcht und allen Ängsten, die nicht meinem Schutz und meiner Heilung dienen;

Ich befreie mich jetzt von jeglichem Neid, jeder Eifersucht, von jedem Hass und Zorn, von jeder Wut, Zorn, Trauer und allen anderen Verdrängungs- und Vermeidungsmeidungsmechanismen.

Ich befreie mich jetzt von allen unangemessenen Verpflichtungen, die ich mir selbst gewählt und erschaffen habe und die nicht mehr meiner friedfertigen und leichten Entwicklung dienlich sind.

Ich befreie mich jetzt nun endgültig von allen Verpflichtungen, die ich mir habe aufladen lassen und nicht mehr meiner friedfertigen und leichten Entwicklung dienlich sind.

Ich vergebe mir jetzt meine eigenen falschen Wahrnehmungen als Ausdruck meiner eigenen emotionalen Kreativität; ich vergebe allen an meinen als belastend und schlimm bewerteten Erfahrungen beteiligten Wesenheiten.

Ich sprenge jetzt alle meine Gewohnheiten und Begrenzungen, die mir nicht mehr guttun und mich in meiner Schöpferkraft einschränken.

Ich bedanke mich ausdrücklich bei mir für die Erfahrungen in diesen absteigenden Energien und transformiere sie freiwillig und vollständig in angemessene Unterstützungsenergien auf meiner Reise in meine Selbstanerkennung, Selbstermächtigung in Liebe und Weisheit.

Alle meine Begegnungen und Beziehungen, in denen ich übertrieben, untertrieben oder irgendwie unangemessen agiert und reagiert habe, die ich unangemessen betrachtet und bewertet habe, entlasse ich nun aus meiner Wahrnehmung und Bewertung und gewähre mir Liebe & Neutralität in allen neuen Erfahrungen; dies in jeglichem Bezug auf meine Aufgaben und meine Verantwortung gegenüber meinen Ahnen, meinen Eltern, Geschwistern, Verwandten, Mitschülern, Freunden, Autoritäten, Fremden, Vertrauten und Feinden.

Ich beschließe die vollständige Transformation aller meiner Belastungen, die durch mich selbst und / oder durch andere entstanden sind,

durch Verletzung der Göttlichen Ordnung mit der Folge von Ab- und Ausgrenzung aus dem Bund der reinen Liebe;

durch jegliche Blutsverträge auf Seelenebene, Verträge und Packte mit dem Teufel;

durch Verletzung der natürlichen Rechte und der Menschenrechte;

durch Druck, Ausgrenzung, Zwang, Unterwerfung, Entrechtung, durch Erpressung, Enttäuschung;

durch gewaltsame Gleichschaltung, durch starre Bewertungsregeln, durch Be- und Verurteilungen;

durch Respektlosigkeit und Einschränkung meiner eigenen Wahlfreiheit;

durch Mangel an Respekt vor den eigenen Wegen zu Lösungen;

durch Ignoranz der eigenen guten Resultate durch mich selbst und durch andere Wesen;

durch Verwechslung meiner Persönlichkeit mit einem vermeintlich geforderten Leistungsergebnis;

durch Einschränkungen meiner individuellen Potenziale und meiner natürlichen Entfaltung;

durch Mangel an Respekt für meine eigene Freiwilligkeit;

durch meine Lebensführung, um in den Leistungssystemen meiner Umgebung etwas zu erreichen und zu gelten, um mich bedeutsam zu fühlen, jenseits meines reinen Seins.

Ich beschließe die vollständige Transformation aller meiner Packte, Verträge und Belastungen, die unbewusst entstanden sind durch meinen Stamm, meine Sippe, mein Volk, meine Stammfamilie, von einer angeheirateten Familie sowie über andere, unbewusst verbundene Personen wie Paten oder Freunde. Ich beschließe die vollständige Transformation aller mystischen Manipulationen durch übernommene Erinnerungen an Traumata, Miasmen, Abwehrmechanismen, Fremdbestimmungen jeglicher Art auf spirituellen, seelischen, geistigen und körperlichen Ebenen mit all ihren unbewussten inneren Verbindungen bezüglich schädigender Absichten, Einstellungen, Verirrungen und sonstigen negativen Beschlüssen und aller durch die vorbenannten Bedingungen ausgelösten Wiederholungen incl. derer automatisierter Wiederholungsprogramme.

Ich sage unwiderruflich und vollständig JA zur Göttlichen Ordnung und Liebe, die mich und uns alle sicher trägt und geborgen hält.

Ich trenne mich jetzt und endgültig von allen Glaubensmustern im Thema Schuld, denn es gibt keine; Schuld war eine Erfindung, um uns alle klein zu halten. Da es in der Göttlichen Ordnung keine Schuld gibt, entlasse ich hier und jetzt jeden Gedanken und jedes Gefühl an Schuld aus meinem Spirit, meiner Seele, meinem Geist und meinem Körper.

Ich löse hiermit alle Gelübde, Schwüre, Versprechungen und Verpflichtungen, die ich jemals seit dem Anfang aller Zeiten gemacht habe und die mir nicht mehr länger dienlich sind. Ich löse hiermit alle Gelübde der Armut, des Zölibats, des Mangels, des Leidens und des Weggebens meiner Kraft.

Ich erteile mir hiermit die absolute und uneingeschränkte Erlaubnis, dem eigenen wahren Pfad meiner Seele zu folgen.

Ich beschließe die vollständige Transformation aller meiner Belastungen, die durch mich selbst und / oder durch andere entstanden sind, zur Harmonisierung emotional-toxischer Impulse, stofflich-toxischer Impulse, Harmonisierung von Stoffwechsldysbalancen, von Schmerzen, von inneren und äußerlichen Bewegungseinschränkungen.

Ich gebiete nun aus tiefstem Grunde meines Seins, allen Aspekten meines Selbst, welche ich über das ganze Universum hinweg verstreut habe, hier und jetzt zu mir zurückzukehren.

Ich befehle nun aus dem tiefsten Grunde meines Seins allen Energien und allen Wesen, die nicht mit der Meister-Ebene des weißen Lichts oder höheren Ebenen abgestimmt sind, welche sich in meinem Körper oder in meinem Energiefeld aufhalten, dass sie hier und jetzt losgelassen sind und zu ihrer Quelle zurückkehren.

Ich sende sie zurück zu der Quelle und der Schule der Weisheit zu geleiten, um dort geehrt zu werden für das, was sie gelernt haben.

Ich bedanke mich ausdrücklich bei mir für die Erfahrungen in diesen absteigenden Energien und transformiere sie freiwillig und vollständig in angemessene Unterstützungsenergien auf meiner Reise in meine Selbstanerkennung und Selbstermächtigung in Liebe und Weisheit. Auf meiner Reise ins Samadhi.

Ich gebiete der Energie des wahren Heiligen Geistes meiner Quelle, hier und jetzt die uneingeschränkte und absolute Herrschaft über mich zu übernehmen.

Alle meine Systeme sind frei und offen und optimal miteinander vernetzt, alle Koordinations- und Regelsysteme sind mit dem Puls meines Atems, mit der ganzen Kraft meiner Höchsten Quelle und dem kristallinen Herzen von Mutter Erde verbunden. Durch meine optimale kontinuierliche Reinigung und Regeneration in allen Dimensionen diesseits und jenseits von Raum und Zeit in Verbindung mit allen vorbenannten Heilungsabsichten gelange und bleibe ich beständig in vollkommener Gesundheit und in optimaler dynamischer Regulations- und Balancefähigkeit, in tiefem Frieden."

Gebet an den Schöpfer

Herr, unser geliebter Schöpfer, geliebte Mutter aller Universen! Freund und Bruder Jesus Christus!

Wir bitten Dich aus tiefstem Herzen um Vergebung für all das, was wir Dir und uns Menschen angetan haben. Wir haben durchaus gewusst, was wir veranstaltet haben. Im Programm und in der Illusion von Polarität und Dualität haben wir uns verirrt und stecken in unseren alten Entscheidungen fest, die in Deiner Liebe gar nicht gebraucht wurden und werden. Denn Deine Liebe braucht keine menschlichen Entscheidungen, Deine Liebe und Deine Heimat im Einen mit Dir machen sie hinfällig.

Wir bitten Dich: Gib uns Einsicht und Einfühlung in Deine Wahrheit und schenke uns die Kraft und die Freude, das irdische Geschehen zu akzeptieren und in Einsicht und in Deine wahre Liebe zu führen, in Barmherzigkeit, Respekt und Zuversicht in Deiner Wahrheit.

Stellvertretend für alle Seelen, die Dir vertrauen wollen, auch stellvertretend für alle, die sich Deiner Liebe noch verwehren, bitten wir um vollkommene Vergebung für alles, was uns entglitten ist. Dir gegenüber, Deiner Wahrheit gegenüber. Es gibt keine Feinde, nur Nichterwachte. Lass´ sie und uns alle wach werden, bitte!

Danke, Herr, aus ganzem Herzen, dass es Dich gibt, denn ohne Dich gäbe es nichts!

Urmutter allen Seins und aller Universen, ich vertraue Dir!

Jesus, ich vertraue Dir!

Hl. Geist, ich vertraue Dir!

Amen. Amen. Amen. Danke! Danke! Danke!

Kalenderbild, Quelle unbekannt

Der Weg zu allem Großen führt durch die Stille

Der Weg ins Licht wird mir durch die Geborgenheit

eines Ganges, meines Ganges, meines Gehens,

bewusst und geschenkt

Dank an die Ahnen

Liebe Mutter, ich danke Dir, lieber Vater, ich danke Dir und ich entbiete Euch aus tiefstem Herzen meine ganze Dankbarkeit,

für mein Leben, meine einfache, reine Existenz, die Ihr mir geschenkt habt, einfach so, ohne Bedingungen zu stellen;

für die Kraft Eurer Eltern und aller Ahnen über alle Generationen hinweg;

für all die vielen stillen, hilfreichen und liebenswerten Eigenschaften, die Ihr mir vererbt habt;

für all Eure Aufmerksamkeit;

für alles, was Ihr für mich getan habt;

für all das, womit Ihr mir nicht geschadet habt;

für Euren Glauben an GOTT, an Euch und an mich;

für all Eure Versprechen und Euren Einsatz, sie halten zu wollen;

für all Eure Beiträge zu meinen Visionen;
für all Eure guten Absichten;

für all Eure guten Gedanken um meinen Lebensinhalt und Weg;

für all Eure Liebe;

für alle Eure Arbeit und Mühe;

für die viele gute Zeit, die ihr mir geschenkt habt;

für die vielen unsichtbaren Unterstützungen, ohne die ich vielleicht nicht überlebt hätte;

für die unendlich vielen Zuwendungen, die ich vielleicht übersehen habe;

für Euer Vertrauen;

für Eure Fähigkeiten und Talente, die Ihr mir geschenkt habt;

für Eure vielen kleinen und großen stillen Hoffnungen;

für Eure Ideen und für Eure Kraft;
für Eure Stille;

für Eure liebevollen Gedanken in fröhlichen und in schwierigen Zeiten;

für Eure Sorge um meine Gesundheit;

für Eure Fertigkeiten, die Ihr mir geschenkt und antrainiert habt;

für Eure guten Wünsche auf meinem Lebensweg;

für Euren Glauben an den Sinn und die Freude meines Lebens.

für Eure Freunde und Bekannte, an denen ich mich orientieren konnte.

Nun bitte ich um Euren Segen, damit alle hilfreichen Kräfte meiner Vorfahren klug, weise und mit ganzer Freude in jedem meiner Atemzüge, in jedem meiner Gedanken, in allen meinen Entscheidungen und in jedem Tun heilsam wirksam werden zum Besten des Großen Ganzen.

Nun schenke ich mir aus ganzem Herzen Dank und Anerkennung für alles, was ich bin, was ich zum meinem Lebenserfolg und dem meiner Nachkommen beitragen konnte und beitragen werde.

Namasté

Ich verneige mich vor dem Allerhöchsten in mir

und in Euch, und ich beschließe in jedem Atemzug,

dankbar und glücklich zu sein.

Das Zarte schenkt uns Tiefe und Klarheit

Selbstständigkeit in Eigenverantwortung

Er-Wachsen-Werden mit allen eigenen Talenten. Welche sind dies? Was habe ich gelernt, um sie zu entdecken?

Heimat in sich selbst finden bedeutet, das ganze eigene Leben weitestgehend selbst gestalten zu können.

Vernetzung ist gut, um sich und einander manchmal die Wege zu erleichtern, jedoch nicht, um es grundsätzlich gelingen zu lassen. Jeder darf und muss seinen Weg wählen und gehen.

Du bist eingeladen das Leben auszuprobieren; und dies jeden Tag aufs Neue.

Dies beginnt mit der Anerkennung Deines Seins mitsamt allen Chancen, Deine Talente in die Welt, in Deine Welt zu bringen. Dann baust Du Dir Deine Welt und sie sollte Dich stark machen und immer stärker, in kreativer Hingabe für Deine Ent-Faltung statt in peinlichem Schweigen zu verharren, aus Angst vor nichts außer vor Dir selbst.

Vervielfältigung - wovon? Von Dir, von Deinen Fähigkeiten, die Du mitteilen und weitergeben kannst, damit andere sie nutzen können, wenn sie wollen... Und, um sie bei Dir zu halten und sie selbst zu nutzen und weiterzuentwickeln, wenn andere sie nicht mit Dir teilen wollen. Gib Ihnen die Chance, doch begrenze Deine Angebotszeit, wie ein Marktstand; er steht nicht ewig, seine Früchte bleiben nicht ewig essbar, alles hat seine Zeit zu reifen, zu dienen, oder zu verwesen.

Gebe Dir und anderen nur eine kurze Zeit, zu überlegen, ob sie Deinem Rat folgen wollen - und ihren Weg gehen; ansonsten wirst Du alle Zeit Deines Lebens und das Deiner wirklichen Partner verwesen lassen; da musst Du Dich entscheiden, ob Du Deine Grundlagen für ein kreatives, erfüllendes und fröhliches Leben nutzt oder sie verwesen lässt; in der stillen Hoffnung, dass Du Dein Leben für andere hingeben kannst, die Du begleiten könntest, aber nicht musst; und manchmal auch nicht sollst.

Das ist keine Hingabe, das ist eine Investition in das Leben anderer, aber nicht in Deines. Schade. Dein Leben lässt sich nicht teilen - Deine Gaben lassen sich mitteilen, anbieten, und können anderen dienen, sich selbst zu ernähren; sie sind ein Samenkorn, das seine eigene Frucht bilden kann und darf und soll. Niemals wird ein Apfel versuchen, einem anderen Apfel das Leben zu erleichtern – doch er spendet es – ein einziges Mal und ein neues Samenkorn entsteht und es nutzt seine Möglichkeiten, oder eben nicht; je nach dem, auf welchen Boden er fällt, entsteht ein eigener Prozess des Werdens.

Hingabe lohnt, wenn ein anderer den Weg gehen will und kann, den Du ihm zeigst; wenn er nicht kann, kann er nicht; akzeptiere es! Vielleicht hat er einen ganz anderen Weg zu gehen als wir ihm zuordnen? Lebe Deines und beschenke viele, die ihren Weg gehen wollen; sie haben Deine Begleitung verdient, aber immer nur in kleinen und bewussten Schritten.

Willst Du verwesen oder leben?

Machst Du Deine Erfüllung von anderen abhängig?

Wie lautet Dein Lebensentwurf, um souverän und autark sein zu können?

Kannst Du Deine Ziele definieren, nur für Dich selbst, ohne andere fest einzubinden und damit Bedingungen zu stellen, die sie nicht erfüllen können oder wollen?

Hast Du den Mut zu Eigeninitiative? Dann kannst Du auch ein Team bilden helfen, in dem jeder seinen Platz und seinen Weg erkennt und geht.

Welche Schritte planst Du, willst Du für Dich in Erfüllung bringen?

Welche Ressourcen erkennst Du in Dir selbst?

Welche Vernetzung brauchst Du wirklich für Deine Selbstanerkennung und Anerkennung, für die Erfüllung Deiner Lebensvision?

Welches Zeitmanagement gönnst Du Dir?

Führt Deine Vernetzung in Dein Glück in selbstbestimmter Freiheit oder machst Du Dein Glück vom Erfolg anderer abhängig? Hier kann Vernetzung in eine Falle locken, wenn sie die Sehnsucht nach Anerkennung erfüllen soll, fürs Rechtbehalten, für Dauer(selbst)tröstung, für schier endlose Traumaaufarbeitung und ähnliches.

Sind Deine Ziele für Dich angemessen?

Nähren sie Deine Unabhängigkeit, halten sie Dich flexibel, anpassungsfähig an Deine innere Ausrichtung, nur für Dich selbst?

Erkenne und genieße die Freiheit der eigenen Entscheidungen, sprich: Verbindlichkeit, zu Dir selbst. Deine Integrität gelingt, wenn Du ganz bei Dir bleibst und nur Dein Wohl alleine aus Dir selbst heraus gestaltest – möglichst auf allen Ebenen des Lebens.

Sich und anderen Geben (Anbieten) und Nehmen im Sinne von Sich-Selbst-Genießen.

Alles ist Schwingung, es gilt das Gesetz der Resonanz und das Gesetz der reinen Absicht. Alles ist in Veränderung, sie ist die einzige Konstante im Leben. Widme Dich ihr wohlwollend und angstfrei und damit den Möglichkeiten, die darin verborgen sind, um ein erfülltes Leben in innerem und äußerem Wohlstand zu erschaffen und leben. Ignorierst Du dies, bleibst Du in Deiner Position stecken. Leben bedeutet Veränderung und jeder muss damit einverstanden sein; ist er dies nicht und ist dabei nicht ganz konkret selbst- und zielbewusst, stirbt er mit all seinen Wünschen und Träumen. Dies ist mit einem sozialen Tod verbunden, der nicht ins Leben führt, wie es sehr wohl gelebt werden kann. Doch dazu müssen wir wirklich bereit sein.

Löse Dich von der programmierten Vorstellung, Veränderungen wären schlimm; die Bereitschaft zur Veränderung erlaubt eine neue Routine, die zur Verbesserung führt, wenn Du sie bewusst als Chance anerkennst und willkommen heißt, um Deine neueste und beste Version von Dir selbst zu erschaffen.

Wenn diese zur neuen Routine geworden ist, fällt Dir alles zu, was Du brauchst und magst. Entscheide (verbinde) Dich mit dem, was Dir Freude bereiten soll.

Beginne bei Dir. Du bist Dein Universum. Beachte die Ebenen, Deine Interessen und die anderer in dieser Reihenfolge. Das Gesetz der Resonanz und der Universalität beschenkt alle anderen, wenn sie Dein Vorbild und Beispiel annehmen können; können sie es für ihre Integrität, ihre Selbstständigkeit und Souveränität nutzen?

Wenn nicht, muss es Dich nicht grämen! In einer lebendigen Gemeinschaft braucht es die volle Selbstbestimmtheit, Souveränität und Autarkie eines jeden Beteiligten.

Schau ab und zu nach hinten, um Erkenntnisse zu gewinnen, die Dir nutzen. Alles andere kann jetzt gehen. Widme Dich einem neuen Pfad und nutze die guten Erkenntnisse der „Vergangenheit" ganz neu, in neuen Kombinationen und mit neuen Zielen.
Zeit ist immer ein JETZT.

Wie lauten die Vorstellungen Deines inneren Säuglings, Deines inneren Kindes?

Kann und will es die Polarität des Entweder-Oder überwinden durch Flexibilität (kein Festhalten an Vorstellungen), nur an der reinen Absicht der eigenen Stärkung und Selbst-An-Erkennung?

Erkennen wir Dualität als Chance für das eigene Wachsen in die eigene Souveränität und Autarkie, ohne Frust über eine gefühlte „Ablehnung" anderer; sie wollen doch auch nur den eigenen Weg finden, selbst souverän und autark zu werden; hilf ihnen dabei, wenn Du magst. Ansonsten: bleibe bei Dir. Das ist Deine Chance; ohne Zwang, Deine Absichten, Wünsche für Dich und Ziele von anderen erfüllen zu lassen.

Angst und Schutzbedürfnis führen zu Fluchtreaktionen, zu Resignation, Selbstverweigerung und zur Tendenz zu Übergriffigkeit als Reaktion auf eine befürchtete und gefühlte Ablehnung und Ausgrenzung.

Spürst Du Blockaden, die Dich daran gehindert haben, Deinen wirklichen und möglichen Weg zu erkennen? Gefühlte Gründe, die Dich abgeschreckt haben, diesen eigenen Weg mutig und zielorientiert zu gehen?

Dann schau Dir diese Gründe ruhig und gelassen an und erkenne, dass sie vergangen sind und Du sie nun nicht mehr brauchst! Erkenne, dass die alten Geschehnisse in einer alten Zeitlinie stattgefunden haben, die Du längst verlassen hast!

Vergib Dir bewusst und gerne, dass auch Du, als Mensch, ganz natürlich auf alle, der Liebe entgegenstehenden Einflüsse, aus der Menschengeschichte und aus Deinem Umfeld reagiert hast, wie es Dir möglich erschien; dass Du in unendlich vielen, kleinen und mühsamen Schritten zu Dir selbst gefunden hast und Dir treu geblieben bist! Sei stolz darauf, dass Du all diese Herausforderungen auf Deine Weise gemeistert hast, auf Deinem anstrengenden Weg zu Deiner persönlichsten Lebens-Meisterschaft.

Welche Absichten hast Du für Dich alleine, in vollkommener Selbstständigkeit, die Dir dann erst eine gute Vernetzung erlauben kann?

Verliere nie die Reinheit Deiner Absichten, nur für Dich und aus Dir selbst heraus. Dein Glück beschenkt alle anderen.

Du hast Talente und Möglichkeiten in Dir, ohne Ende.

Das Göttliche wird immer durch ein aufrichtig intensives Herz offenbart.

Egal was du tust, egal, was Du bewusst nicht tust – lasse Dein Feuer für Dich brennen; wer sich daran wärmen will, mag sich zu Dir ans Feuer setzen; das Feuer läuft niemandem hinterher...

Willst Du Anerkennung, schenke sie Dir für den, der Du bist, was Du bereits getan hast und was Du tust, ohne andere zu brauchen und zu benutzen; willst Du glücklich, souverän und autark sein aus Dir selbst heraus oder nutzt Du andere für Deine Erfüllung, für Deine Selbstanerkennung?

Diene Dir, Deiner reinen Absicht in Liebe, somit der Schöpfung und jenen Menschen, die Dein Geschenk annehmen können; auch wenn das Geschenk ganz anders eingepackt erscheint als erwartet... Hingabe ist, sich einzubringen mit allem, was in Dir ist, bereitgestellt wird und lebt.

Erkläre das angeblich Unmögliche im Erdendasein zum Selbstverständlichsten im Samadhi, damit heute genau jenes geschehen kann, weil Du es in diesem Augenblick in reiner Herzensabsicht erschaffst.

Haben wir das verstanden, können wir alle unsere Talente anbieten und einsetzen, damit das angeblich Unmögliche geschehen kann; es muss aber nicht gelingen, wann und wie ich will; das Universum kennt unsere Zeitvorstellungen nicht. So ist unser Impuls vielleicht ganz anders wirksam, als es unserer Vorstellung entspricht. Doch – kein Impuls geht verloren, sei gewiss!

Wenn ich Meines alleine mit all meinen Talenten erschaffe, bin ich souverän und autark in wirksamer Eigenverantwortung – mutig, zielorientiert, und auf der Grundlage meiner Lebensphilosophie irgendwie effektiv – das wollen wir doch letztlich alle. Dann gelingt Selbstverwirklichung ohne Frust.

Die glücklichsten Menschen sind nicht unbedingt diejenigen, die das Beste von allem haben, sondern diejenigen, die das Beste aus dem machen, was sie haben. (K. Gibran)

Marshall B. Rosenberg war Begründer der mittlerweile sehr bekannten sogenannten Gewaltfreien Kommunikation. Dies ist eine Art der Kommunikation, die geprägt ist von Empathie, dem sinnvollen Ausdrücken der eigenen Bedürfnisse und auch von Selbstverantwortung für die eigenen Gefühle. Er sagt:

„Willst Du Recht haben oder glücklich sein? Beides geht nicht. Du kannst Dich jeder Zeit entscheiden, *wie* Du die Worte Deines Gegenübers aufnimmst, die Macht liegt bei Dir.

Wenn wir wirklich gehört werden mit unseren Gefühlen und Bedürfnissen, ändern wir uns." Höre Dir zu, lausche Dir! Lausche anderen und entdecke Antworten und Lösungen für Dich!

Wenn wir unsere Bedürfnisse nicht ernst nehmen, tun es andere auch nicht. Wenn wir unsere Bedürfnisse aussprechen, steigt die Chance, dass unsere Bitten erfüllt werden.

Es sind nie die Tatsachen, die uns beunruhigen und ärgern, es sind immer unsere eigenen Bewertungen – und die Angst, missverstanden oder gar abgelehnt zu werden.

Was ich in meinem Leben will, ist Einfühlsamkeit, ein Fluss zwischen mir und anderen, der auf dem Geben füreinander aus dem Herzen beruht.

Was wäre, wenn Du all deine Andersartigkeit und Deine Schwäche und Unsicherheit offen zeigen würdest ohne dabei Deine Selbstachtung in Frage zu stellen?

Die Schönheit in einem Menschen zu sehen ist dann am nötigsten, wenn er auf eine Weise kommuniziert, die genau das am schwierigsten macht.

Bei einem Streit ist auf beiden Seiten der Wunsch gleich groß, ernst genommen zu werden. Auch bei einem Streit im eigenen Inneren.

Betrachte alle Aspekte, denen Du begegnest, ruhig und gelassen und warte, ob sie sich durch die Betrachtung nicht schon verändern."

Die Kraft einholen

Entspannt Euch auf Eure eigene Weise, werdet ganz locker, leicht und gelassen. Konzentriert Euch auf Euch selbst. Nehmt Euch wahr, als dieses großartige Wesen, das Ihr seid. Euer multidimensionales Sein, Euer höheres Selbst, Euer göttliches Selbst. Ihr seid die, die Ihr seid.

Entspannt Euch noch tiefer. Fühlt die Einheit mit Euch selbst, atmet ruhig, seid ganz zentriert und lasst Euer Bewusstsein sich in Euch erweitern. Bis zu anderen Bewusstseinsschichten von anderen Aspekten Eures Selbstes. Stellt Euch vor, wie Eure verschiedenen Bewusstseinsebenen zusammenfließen und sich vermischen, lasst dies geschehen. Werdet ein Bewusstsein, ein Selbst, nehmt Euch wahr.

Hört jetzt mit Euren geschärften Sinnen und ausgefahrenen Antennen zu. Hört zu und nehmt Eure Reaktionen wahr:

Wo sind Eure Kraft, Eure Macht und Eure Stärke? Wo sind sie? In Dir, sonst nirgendwo.

An wen habt Ihr Kraft, Macht und Stärke abgegeben? Seid ehrlich mit Euch selbst. Wer hat das Sagen über

Euch? Wer oder was übt Macht über Euch aus? Welche Stimme in Euch hat Euch verboten, stark und selbstständig zu sein? Wer hat Euch gesagt, Kraft sei nicht für Euch, sondern nur für andere? Wer hat Euch glauben gemacht, Macht sei gefährlich und nichts für spirituelle Menschen?

Dies alles gilt von nun an nicht mehr! Der Augenblick ist gekommen, um Eure Kraft, Macht und Stärke wieder ganz einzufordern, anzuerkennen und zu leben. Sie gehört zu Euch und es ist Zeit, sie zurückzunehmen. Das tun wir jetzt. Begebt Euch feinstofflich, mit Eurer Vorstellung, Eurem Bewusstsein und mit Eurer Wahrnehmung in Euer Kreativitäts-zentrum. Taucht in das Zentrum hinein, so tief Ihr nur könnt. Geht tiefer und tiefer, spürt dieses Zentrum in Euch und seine Energie um Euch wie noch nie. Spürt seine immer größer werdende Lebendigkeit. Ihr befindet Euch in Eurem vitalen Kreativitätszentrum, in Eurem Fokus. Ihr seid Euer Fokus.

Sagt nun folgendes und richtet Euch darauf: „Ich nehme jetzt meine ganze Kraft, meine volle Macht und all meine Stärke zu mir zurück." Wiederholt dies mehrmals. Spürt, was Ihr sagt. Seid überzeugt davon.

Nun stellt Euch folgendes klar vor:

Sämtliche Verträge, die ich je geschlossen habe, die diese Handlung verhindern, erkläre ich ab sofort für ungültig. Sie sind gelöscht. Alle Abmachungen, die ich je getroffen habe, die mein Glück, meine Erfüllung, mein Versprechen an mich, verhindern, erkläre ich ab sofort für ungültig. Sie sind gelöscht. Dies gilt für immer. Alle Verbote, die je über mich verhängt wurden und dies verhindern, erkläre ich ab sofort für ungültig. Sie sind aufgehoben. Allen Mustern und Prägungen in mir, die dem entgegenstehen, entziehe ich sofort und für immer ihr ganze Kraft und Energie.

Alle Muster und Prägungen alter und für mich selbst hinderlicher Verträge lösen sich jetzt sofort auf. Die dadurch freigesetzten Energien stehen mir zur Verfügung. Allen Ängsten in mir, die diese Handlung verhindern, entziehe ich sofort die ganze emotionelle Energie, mit denen ich sie aufrecht gehalten habe. Das gilt für immer. Diese Ängste lösen sich sofort auf, die dadurch freigesetzten Energien stehen mir zur Verfügung. So sei es jetzt und für immer. Gebt diese Klarstellung nun in die blau-goldene Zone im Kreativitätszentrum und nehmt wahr, wie sie dort energetisiert und gestärkt wird. Ihr befindet Euch immer noch im Kreativitätszentrum, bewegt Euch weiter in diesem unendlichen Brennpunkt hinein. Spürt, wie die Energien von diesem außergewöhnlichen Ort in Euch hineinfließen. Ihr seid ganz zentriert.

Mit Eurer vollen Konzentration und Willenskraft wendet Ihr Euch jetzt Eurem *Hara-Zentrum* zu, ca. eine Handfläche groß, um den Bauchnabel herum. In diesem Zentrum liegt die Kraft, die Mitte, befindet sich ein farbig leuchtender Energiepunkt, ein Energietrichter, der ein Durchgang ist zu einer Ebene der anderen „Dimension", wo sich die Kräfte befinden, die Formen bilden und auflösen, wo sich Materie zusammenfügt und auflöst. Das Tor inmitten der Liegenden Acht, der Tür ins *Samadhi*.

Schickt nun mit Eurem Bewusstsein, Eurem Willen und Eurer Herzenskraft alle Eure noch vorhandenen Ängste, ob bewusst oder unbewusst, durch diesen Punkt in diese „Dimension". Tut dies einfach ohne nachzudenken, dann geht's am besten. Und gebt folgenden Impuls: „Alle meine Ängste und Selbstbehinderungen werden hierdurch aufgelöst".

Macht das ein paar Mal, bis Ihr das Gefühl habt, es geschieht wirklich, es wird wirksam. Habt Vertrauen in Euer Tun, als Ergebnis Eurer bewussten und liebevollen Ent-Scheidung.

Dann konzentriert Euch wieder auf Euch selbst, ruht zentriert in Euch. Entspannt Euch und lasst die Energien fließen. Stellt Euch vor, Ihr steht in einem Meer von Licht und Farben. Spürt, wie die Energien und die Kraft der Erde von unten in Euch hineinströmen. Gleichzeitig fließt kosmische Energie durch Euer Scheitelchakra in Euch hinein. Lasst diese Energien fließen und nehmt wahr, wie sie sich in Euch verbreiten.

Wie fühlt sich das an? Ihr seid eins mit der Erde und mit dem Kosmos. Ihr seid frei und stark. Genießt es. Fühlt nun, wie Eure eigene Kraft und Stärke sich in Euren vielen Energiezentren in Eurem Körper und um ihn herum manifestiert. Ihr seid ein machtvolles Wesen mit einem Potential, das ihr irgendwann vergessen habt. Eure Kraft, Eure Macht und eure Stärke integrieren sich jetzt wieder frei in Eurem System. Sie sind ein Teil Eures Bewusstseins und sind darum überall in Euch. Erfahrt dies jetzt.

Und weil das so ist, fließt jetzt noch mehr Kraft und Stärke zu Euch. Von Eurem Höheren Selbst, von Euren Helfern, von den höheren Ebenen des Daseins. Ihr seid in der Kraft. Akzeptiert das bewusst und sehr dankbar.

Und sagt innerlich mehrmals: *„Ich bin in der Kraft, für jetzt und immer. Ich bin bereit, wieder das macht-*

volle Wesen zu sein, das ich in Wahrheit bin. Für jetzt und für immer."

Samadhi

Kraftvoll stehen und genießen im Sein

Die Vollständigkeit

Geboren aus der Einheit, der Vollständigkeit, der Verbundenheit mit Allem im Gesetz des Einen, wird der Mensch in Polarität und Dualität geworfen und sich der Abhängigkeiten in einem unvollständigen Menschsein bewusst. Er sucht sehnend einen Weg zurück in das große Bewusstsein des Ganzen, der individuellen in der alleinen Vollständigkeit, in vollkommenen Harmonie und des vollständigen Selbst-Bewusst-Seins. Als ein "zu Erziehender" wird er seiner angeblichen Unvollständigkeit als Mensch bewusst gemacht, ihm werden Abhängigkeiten bekannt, die er zuvor im Allbewusstsein nicht kannte.

Damit wächst sein Bewusstsein von Sehnsucht nach vollständiger Harmonie und somit ein Such(t)-verhalten. Nun beginnt auch ein Ver-Halten, ein sich Zurückhalten, ein Klammern an dem, was in der Welt Halt verspricht, doch oft nicht halten kann; es entwickeln sich Greif- und Klammerreflexe, psychoneuroImmunologische Konzepte des Haltfindenwollens bzw. Haltfinden-Müssens unter dem Einfluss gewohnter und sehr begrenzter Konditionen.

Wächst das Bewusstsein der eigenen Unvollständigkeit im vermeintlichen Mangel an Geborgenheit, beispielsweise in der eigenen Familie, im Kreis natürlicher Vertrauter (Stamm, Sippe, Familie), wächst das Misstrauen an diesem Kreis durch die Erkenntnis, wie sehr sich seine Ahnen am Gesetz des Einen vergriffen haben, er fühlt sich und seine natürlichen Grundüberzeugungen und Grundbedürfnisse verraten.

Nun wittert er mehr und mehr Verrat; er beginnt, dieses Grundmuster weiterzuführen, um den Halt in dem Gewohnten und im Netzwerk der Konditionen weiterzuführen, sich anzupassen und sich selbst, sein Sein, seine innerste Vision mehr und mehr zu vergessen; oder er wählt einen einsamen Weg der Selbstreflexion außerhalb der Familie.

Oder er lässt sich zu erst auf die traditionellen Konditionsmuster ein und geht nach und nach den Weg nachhause in ein Gesamtbewusstsein, erfüllt schrittweise seine Sehnsucht nach der Verbundenheit in Frieden mit allem, was ist, in sich und mit sich selbst, mit Gott und der Welt. Oder eine Mischung aus allem, in einem ständigen Wechsel von Positionen, Meinungen, Standpunkten, stets unvollständigen und somit wenig erfolgreichen Entscheidungsmustern.

Das IST das Erwachsenwerden, der Prozess des

Erwachens, eine meist lebenslange Pubertät. Immer bleibt auch der Blick auf jene gegeben, die den Halt in der Lebensführung sichern könnten. Oft ist dies ein Vertreter der Familie (Mutter, Vater, Bruder, Onkel), welchem die für diesen Weg eine erforderliche Klarheit und Übersicht, die "Fernsicht", den "Durchblick" und ein natürliches Durchsetzungsvermögen zugeordnet wird.

Zeigt bzw. zeigte sich eine Person als besonders vertrauenswürdig, andere dagegen gar nicht, wachsen Achtsamkeit bzw. Vorsicht und manchmal Misstrauen. Bleibt der innerste Fokus auf dem Ziel, im Erreichen des gewünschten, ersehnten Zieles von Ganzheit bestehen, kann diese Vision irgendwann erfült werden. Der Weg wird durch Einzelerfahrungen gebildet, die Weggestaltung wird zum Alltagsziel. Die Erfüllung eines Bewusstseins, der Gewissheit der innersten Vollständigkeit bleibt dabei als Lebensziel bestehen. Im Gesamtbild tragen uns jedoch nicht Gewissheit, sondern eher die immer mitschwingenden frustranen Erlebnisse, Argwohn, Misstrauen, Trauer über angebliche Erfolglosigkeit.

In dem Bewusstsein der menschlťchen und zwischenmenschlichen Abhängigkeiten und Fesseln nährt sich das Bewusstsein, sich befreien zu wollen und befreien zu müssen. Da das Misstrauen in viele

Menschen, denen man in Bezug auf Erwartungen erfolglos vertraut hat, ebenfalls aktiv ist, gestalten wir oft ein Konzept des Werdens im Suchen, um mehr und mehr die eigenen Antworten, die Ver-Antwortung für sich und andere zu übernehmen, sich seiner Grundüberzeugungen immer bewusster zu werden und die Antworten zu finden für die vielen Fragen.

Bleibt die Bereitschaft zu einem ehrlichen Austausch mit Gleichgesinnten und Andersdenkenden gleichermaßen bestehen, wird die Kommunikation mit beiden Gruppen achtsam gepflegt, wird das Angebot an Antworten größer.

Fragen, die einem wichtig sind, werden oft spontan und ehrlich geäußert; weil eine Befriedigung sofort erfolgen "muss", wird oft zum falschen Zeitpunkt gefragt, oft auch auf eine den Rahmenbedingungen unangemessene Weise und vor allem werden oft die Falschen gefragt. Wird eine spontane Frage gleich und adäquat beantwortet, entsteht eine Gewissheit; sie hilft, eine ehrliche Orientierung und Halt zu gewinnen. Sind die Rahmenbedingungen unangemessen, wiederholen wir die alte Bewertung, "wieder einmal etwas falsch" gemacht zu haben; es entstehen Frust, Trauer, Bestätigung einer vermeintlich falschen Wahl im Zeitpunkt, in der Formulierung u.a.

In der Geborgenheit einer Idealfamilie bekommt

jeder die angemessene Aufmerksamkeit und Zeit, die er für sein Wachsen braucht; dazu braucht es mehr als nur die Eltern als Bezugspersonen, die man fragen kann. Ist dieser Verband von Vertrauten gesprengt, verstorben, mit Krankheit und Problemen beschäftigt, nicht erreichbar, bleibt ein Defizitgefühl, das über Generationen hinweg "im Feld" wirkt und das Grundgefühl vermittelt, nicht wahrgenommen, nicht gesehen und nicht angemessen begleitet worden zu sein. Es entsteht oft sogar die fälschliche Annahme, "nie angemessen begleitet werden zu können". Diese Verallgemeinerung bildet u. a. den Glaubenssatz, ohnehin alleine zu sein, bleiben zu müssen, sich etwas Grundlegendes erarbeiten und erkämpfen zu müssen. Der Druck im Kommunikationssystem wächst: im Innersten, im Außen und in den vielen Zwischenebenen.

Die Lösung scheint in der Beschäftigung mit spirituellen, religiösen und analogen Themen zu liegen sowie in der täglichen Gestaltung von Problemsituationen, die zu Lösungen führen könnten; ohne diese Gewissheit zu haben, die man sich so sehr wünscht, um seinen Lebensweg in Frieden und Gesundheit, in Leichtigkeit und Lebensfreude gehen zu können. Dann kommen so Sätze wie "das Leben ist kein Ponyhof" und derlei mehr, was keine Lösung darstellt, sondern nur die Aufforderung, sich mit dem Unvollständigen, mit dem vermeintlich Versprochenen und dem selten Gehaltenen endlich zufrieden zu geben.

Dies zu müssen konditioniert noch mehr Frust und Spannung, die zu der Lösung führen kann (aber nicht muss), um sich selbst als der beste Begleiter auf seinem Weg zu definieren. Besinnen wir uns auf unsere eigenen Fähigkeiten, weitgehend losgelöst von einem Bewusstsein der familiären An-Erkennung, bleibt nur der Versuch, erfolgreich zu sein, glücklich zu werden mit dem, was man ist, hat und weiß, mit einer innersten Gewissheit, der man bedingungslos vertrauen mag.

Bleiben wir auf ein Ziel fixiert, ohne den Weg, aus dem *Samadhi* heraus betrachtet, zu erkennen, bleibt die Diskrepanz zwischen der eigenen Lebensvision und einer Vorstellung des scheinbar Unmöglichen. Es bleibt die Sehnsucht, verzweifeltes Beharren in dem Gefühl, "immer noch nicht verstanden, wahrgenommen, erfolgreich, zu sein".

Es gilt, jenseits der gewohnten Wege eine Strategie zu finden, welche die innerste Sehnsucht erüllen kann: mit den richtigen Menschen, am richtigen Ort, in der richtigen Kommunikationsform. Mit Sachkompetenz, Übersicht, Geduld, Umsicht, Respekt und immerwährenden Mut in der Neugestaltung eines Planungs- und Handlungsrahmens, ohne die alten Beschwichtigungen und Mythen, wie "man" zur Erfüllung seiner Sehnsucht gelangen könne; was ja so nicht funktioniert hat...

Gelingt es, sich aus dieser Fixierung herauszubewegen, in dem wir mit Samadhi verbunden sind, gelingt es auch, sich aus einer Erniedrigung und aus einer Selbsterhöhung heraus zu entwickeln; um eine erfolgreiche Kommunikationsfähigkeit zu entwickeln, die das ersehnte Ziel, die Vision, in die Welt setzen kann. Dies dient der Vision selbst, auch den Gleichgesinnten; weshalb es wichtig ist, sich frühzeitig mit Gleichgesinnten verbinden zu wollen und es zu tun, anstatt sich lange Zeit mit den Nichtgleichgesinnten zu plagen und sich mit den Problemen herumzuschlagen, die aus einem anstrengenden und unbefriedigenden Kampf entstanden. Wir kommen aus einem Missionsdrang heraus, der uns immer an unsere angeblichen Grenzen brachte, statt in einem offenen Vertrauen zu baden und zu wachsen.

Die Basisbedürfnisse eines jeden Menschen, eines jeden Wesens, sind wertvolle Leitlinien. Wir mögen uns an ihnen orientieren, ohne mit Verzweiflung andere Menschen und Wesenheiten für ihre Befriedigung alleine verantwortlich zu machen. Haben wir verstanden, dass alle unsere Ahnen mit größtem Wohlwollen an unserem Glück interessiert sind und sich dafür einsetzen wollen, können wir ihre Energien bewusst und vorsätzlich in uns wirksam werden lassen, sie bewusst nutzen und genießen. In Dankbarkeit für die Erfahrung, dass wir mit ihnen, mit Gott und der Welt, verbunden sind. Ob andere diese innerste Verbindung erkennen, anerkennen oder nicht, ist uninteressant.

Samadhi will Dir immer sagen:

Ich verlasse Dich nicht

Wir Sind

Wir sind in Verbundenheit

Wir sind frei verbunden

Ich gebe mir und Dir Zeit, Ruhe und Gelassenheit zu finden

Ich begleite Dich, so gut ich kann

Ich teile mit Dir, was ich habe und was ich weitergeben kann

Ich bin Teil von Dir und bleibe Ich

Du bist stark genug, um in Dir den ersehnten Halt zu finden, in dem Du ihn Dir schenkst

Ich begleite Dich mit meinen Fähigkeiten, um Dich und Deine Kenntnisse zu stärken, damit Du in angemessener Weise Deins in die Welt bringen kannst

Ich zeige Dir Wege aus der innersten Verzweiflung und aus der Fixierung, um Deine Vision mit der Vision ins Leben zu führen; mit anderen zu vernetzen, ihre Bedeutung und Kraft, somit auch Deine Bedeutung, zu erkennen. Aus einem von Zweifeln, Trauer, Angst und Misstrauen geprägten Muster kann ein Muster der Vernetzung stattfinden, die Handlungsfähigkeit in Leichtigkeit bewirkt und den Weg vom Suchen in die Erfüllung im gemeinsamen Finden erkennen lässt.

Dann wird aus einem traurigen, frustrierten, manchmal verzweifelten Ich ein Wir in einer berechtigten und hoffnungswürdigen Zuversicht. Dann haben wir alle auch den Halt, den wir uns so sehr gewünscht haben. In uns selbst und im Wir. Beides.

Unsere innere Königin und der innere König finden ihre angemessene Wirkung; ihr Strahlen wirkt über unsere Bereitschaft zur Gemeinschaft und entlässt uns aus der Last der Selbstbewertung (Selbterniedrigung und Selbsterhöhung) in die Lust an der Wirksamkeit im wirklichen Sein und Leben.

Dies ist der Weg in Dein *Samadhi.*

Wabi Sabi

Wikipedia, Auszüge

Die ursprüngliche Bedeutung von *Wabi* war „sich elend, einsam, verloren fühlen." Heute sprechen wir lieber von „Freude an der Herbheit des Einsam-Stillen." *Sabi* bedeutet „in natürlichem Stolz alt sein, Patina zeigen, innere Reife leben." Beides zusammen bildet den Maßstab der japanischen Lebenskunst.

Wabi Sabi ist mit dem buddhistischen Denken verknüpft, in dem drei Existenzmerkmale liegen: die "Vergänglichkeit" (muj), das Leiden (ku) und die Leere oder die Abwesenheit einer Selbstnatur (k)." *Wabi Sabi* ist eine friedliche Darstellung des Buddhismus und der japanischen Gedankenschule, ein sehr wertvoller Teil einer gesunden, dankbaren, ehrlichen, genügsamen und doch so reichen Lebensphilosophie.

Wabi drückt den Teil der Einfachheit, Vergänglichkeit, Fehler und Unvollkommenheit aus, während *Sabi* die Wirkung der Zeit auf eine Substanz oder ein beliebiges Objekt zeigt und ausdrückt und zusammen mit *Wabi Sabi* die Idee der ästhetischen Wertschätzung des Alterns, der Fehler und der Schönheit der Auswirkungen von Zeit und Unvollkommenheiten annimmt. Die Schönheit des Lebens in allem zu erleben, ist das Höchste, weniger der ganze Glanz der strahlenden Sonne, sondern auch der verhaltene Glanz eines Mondes, der bemooste Fels, das grasbewachsene Strohdach, ein knorriger Baum, ein leicht angerosteter Kessel, dies und Ähnliches sind die Symbole der Schönheit von *Wabi Sabi*.

Wabi Sabi ist die Ansicht oder der Gedanke, Schönheit in jedem Aspekt der Unvollkommenheit in der Natur zu finden. Es geht um die Ästhetik der Dinge, die als unvollkommen, unbeständig und unvollständig bekannt sind. Es ist einfach schön und befriedend, den Wert einer reinen und guten Absicht oder einer Situation bzw. eines Anblickes zu erkennen und zu definieren; es macht den Sinn unseres Lebens aus, um unseren ganz eigenen Garten so zu gestalten, wie es uns aus einem Augenblick und aus einer großen Lebensübersicht als möglich und wertvoll erscheint.

Es ist eine schöne Art und Weise, das Natürliche und Reine zu beschreiben und die Schönheit jeder Substanz oder jedes Wesens in seiner natürlichsten und rohesten Form anzuerkennen. Es geht um die Hoheit, die sich in der Hülle des Unscheinbaren verbirgt, die herbe Schlichtheit, die dem Verstehenden doch alle Reize des Schönen offenbaren.

Wabi Sabi ist die Wahrnehmung von Schönheit in den Dingen, die alt, matt, verblichen, abgegriffen sind; einfach und unverblümt, zurückhaltend, glanzlos, unverziert, natürlich gereift, mit Patina, Asymmetrien, Schlichtheit, Entsagung von Überflüssigem, mit individueller Tiefgründigkeit und einer ganz eigenen inneren Ruhe. Durch die Akzeptanz und den Genuss eines Zustandes, den wir nicht verändern wollen, die Schönheit des Rohen, des Natürlichen entsteht Frieden.

Der Garten des Lebens

Wabi Sabi lehrt, die wahre und ursprüngliche Welt des Menschen zu erkennen, der auf seinem Weg ist, auf dem er den Sinn der Schöpfungsordnung erkennt, erspürt, erlebt; auf dem der Gehende sich als Wehbereiter versteht, der nie nach künstlichen Vorstellungen perfekt sein kann und auch nicht will. Dieses Gehen versteht sich als Erkennen einer natürlichen Schönheit im Kontext mit allem, was ist. Die Situation, der Gegenstand, die Natur selbst will in ihrer eigenen Schönheit erkannt und geschätzt werden, so wie sie ist und nicht so, wie andere sie haben wollen. Sich selbst Begeisterung schaffen, sie in sich selbst und in anderen lebendig werden lassen. Jede kleine Erfahrung ist ein Schritt auf diesem langen Weg vom Kopf zum Herzen.

So erleben und erschaffen wir einen eigenen Lebens-
garten, erkennen und anerkennen ihn als Teil eines
großen Gartens, dem Garten Eden, *Samadhi* erspüren. Den „Ort" der absoluten Glückseligkeit, den wir
in einem einzigen Leben nur stets im inneren Auge
und im Herzen erkennen, behalten und pflegen
können, dem wir innerlich folgen, ihn aber nur im
Samadhi am Ende des Weges vollständig erreichen
werden. Dem Schöpfer dienen und sich in dieser
Ausrichtung an jedem Tag neu aufzurichten und IHM
zu dienen, das Lied des Schöpfers zu singen. Seine
Wege sind undurchschaubar und nicht mit unseren
menschlichen Konzepten komplett planbar. Planbar
ist die grundsätzliche Ausrichtung, die Hinwendung
zu Seinem Plan, wenn es denn einen solchen gibt.
Dem Großen Ganzen zu dienen, ist dabei wichtig, so
wie es jedem Einzelnen gerade möglich ist. Das hoffen wir zwar und erhoffen im Gespräch mit IHM die
Antworten, die wir alltäglich zu brauchen glauben.
Doch diese Antworten kommen anders zustande,
es sind die Antworten, an die wir nie zu glauben zu
wagten – alles ist im Fluss. Halt gibt es nur in jedem
Augenblick in unserem eigenen Garten, und den gilt
es in Seinem Sinne zu pflegen, so gut wir in jedem
Augenblick *halt* können.

In der Architektur bedeutet dies, die Perfektion des
natürlich-lebendigen zu zeigen, den Blick und den

Genuss eines natürlichen Komforts zu öffnen, den keine künstliche Planungsinstanz erzeugen kann. Wabi Sabi zeigt das Einzigartige in der Architektur des eigenen Lebensgartens, konzentriert sich in Innenräumen wie in Außenanlagen auf die wirklich wichtigen und nützlichen Elemente, ist schlicht und optisch leer, damit es sich durch die einfache, menschliche Begegnung mit dem eigenen Gefühl von Dankbarkeit und Respekt, mit Liebe zum Sein und zum Detail, füllen kann.

In der *Wabi Sabi* Fotografie haben Technik, Bildkomposition, Fokus und Schärfentiefe auf einmal einen ganz anderen Stellenwert. Genauigkeit und Perfektion sind hier weniger gefragt, dafür aber Empathie und Intuition. Im *Wabi Sabi* ist Schönheit ein Ereignis zwischen einem selbst und einem nahbaren Ganzen. Schönheit als Beziehung, aus einer inneren Haltung heraus, in Poesie und Anmut. Es geht um den Ausdruck der eigenen inneren, unvoreingenommenen Beziehung zu einem inneren Motiv, das sich authentisch im Außen zeigen mag. Um die Schönheit in den unscheinbarsten Dingen zu offenbaren. Das Große im Kleinen zu entdecken und dessen Vergänglichkeit erkennen und sogar zu genießen.

Viele Kunstrichtungen sind von dieser *Zen-Philosophie* beeinflusst. Sie lässt uns den ewigen Fluss der

Dinge erspüren, erleben. Somit kann nichts im Verständnis der westlichen Welt vollkommen werden, es ist bereits vollkommen, durch sein konsequentes Bekenntnis und Sein im Werden, im „Sich selbst immer wieder neu erfinden".

Wabi Sabi schenkt ein Konzept einer Unvollständigkeit, es verbindet uns mit dem Prinzip des Werdens und hält uns damit in dem Bewusstsein von Lebendigkeit. Es öffnet das Herz, nicht den Verstand, reduziert Eitelkeit und das Streben nach mehr. Perfektion ist unmöglich; echte Anerkennung einer natürlichen Unbeständigkeit ist der einzige Weg zur Zufriedenheit mit einem Hier und Jetzt, befreit von der Vorstellung eines festgeschriebenen Erfolgs und entlässt uns aus deiner gewohnten Hetzjagd nach vielem, was wir gar nicht brauchen, um glücklich und lebendig zu sein.

Im *Zen* lernen wir, den Herausforderungen des Lebens aus dem Augenblick heraus, im Zustand eines aktuellen Seins, zu begegnen und alles andere weg zu lassen; alle Konzepte, alle Voreingenommenheit, jeder Art von Widerstand, unbewusst wie bewusst. In der lebendigen Begegnung mit allem, was sich Schritt für Schritt zeigt – und seinen übergeordneten Plan folgt, der es wirklich gut mit uns meint.

Strebe nicht nach Perfektion, sondern nach Vortrefflichkeit. Schätze das Einfache, die Langsamkeit, die Dir die Schönheit des Augenblicks zeigen will, um in Dir Freude zu bereiten, und ein Wachstum aus Dir selbst heraus, das Du mit Deiner gewohnten Planungsinstanz Kopf nie erreichen kannst.

Glücklich zu sein bedeutet, genau dort zufrieden zu sein, wo du bist, mit allem, was du bereits hast. Dies ist Freiheit von allen Formen des Leidens und ein Weg in die eigene Wahrhaftigkeit, scham-los, frei, unvoreingenommen, offen für alles, was Dich mit allem beschenken will, was schon längst da ist.
Das bedeutet, dass wir uns bewusst sein dürfen, wer wir augenblicklich wirklich sind und was unsere wahren Absichten und Motive sind. Wir dürfen uns von den Illusionen und Täuschungen lösen, die uns von unserer eigenen Wahrhaftigkeit abhalten und uns von unserem höheren Selbst trennen.

Ehrlichkeit und Aufrichtigkeit sind Schlüsselkomponenten der Wahrhaftigkeit. Wahrhaftigkeit ein wichtiger Bestandteil des Prozesses des Erwachens eines vollständigen allumfassenden Bewusstseins. Wenn wir ehrlich zu uns selbst und anderen sind, können wir uns von unseren begrenzten und begrenzenden Überzeugungen und Vorurteilen lösen und uns für neue Perspektiven und Möglichkeiten öffnen. Indem wir unsere Wahrhaftigkeit kultivieren, können wir uns mit unserem höheren Selbst verbinden und uns in Harmonie mit der Welt in uns und um uns herum bringen.

Lernen wir wieder zu Staunen und uns zu freuen wie kleine Kinder, über all das, was sich uns in seiner natürlichen Schönheit zeigen will. Manchmal braucht es Jahrzehnte, um jung zu werden. „Wenn ihr nicht werdet wie die Kinder...", sagte Jesus. Kinder leben ganz den Zauber des Augenblicks, die Faszination scheinbar kleiner Dinge.

Lieben wir uns selbst so, wie wir wirklich sind. Das zeigt uns den ganzen Reichtum, den wir anstreben; er ist längst da...

Bedürfnisse

Es gibt eine Reihe sehr wichtiger und natürlichster Basisbedürfnisse eines Menschen. Hier sind sie in fünf Ebenen beschrieben. Basisbedürfnisse müssen authentisch „von unten nach oben" befriedigt sein. Dann erst können wir auf der nächsthöheren Ebene „zufrieden" und erfolgreich und in Gelassenheit SEIN. Sind unsere Basisbedürfnisse nicht in der angemessenen Reihenfolge gesichert, helfen uns Übersprungshandlungen, Ersatzbefriedigungen und kompensatorische Verhaltensmuster auf einer „höheren" Ebene nicht weiter. Sie führen zu Verhaltensmustern ohne innersten Frieden. Das Leben ist mehr Suchen als Finden und Gefunden haben. Sie wirken als unvollständige, stockende, blockierende Erfahrungen. Nur eine bedingungslose Liebe zu uns selbst und dem, was wir bereits sind, kann uns ein Grundgefühl schenken, das uns ein schuldfreies Fühlen in allen Lebensphasen und in allen Ebenen erlaubt – unabdingbare Voraussetzung für eine selbstbewusste, selbstverantwortungsfähige, kraftvolle und fröhliche Persönlichkeit, für Frieden & Gesundheit in uns selbst und miteinander. Liebe, achtsame Berührung und Führung vor und in der Schwangerschaft sowie in jeder Phase und Ebene des

Lebens erlauben eine eigenverantwortliche Selbststeuerung auf dem Weg in Voll-Ständigkeit für ein Baby, wenn diese natürlichen Bedürfnisse in iherer Entwicklung angemessen von den Eltern und anderen unterstützt werden.

In einer wirklich gesunden Gesellschaft können Kinder von der Zeugung an auf diesem Wege begleitet werden und so können sie besser in ein eigenständiges und kreatives Leben finden. Dann erst können sie einen guten Platz finden in unseren Gemeinschaften. Geschieht dies nicht oder unvollständig, bleibt es seine Lebensaufgabe, alle Defizite zu erkennen und aufzuarbeiten; das ist immer schwer und manchmal nicht möglich. Ein Umstand, der ganze Familien und Gesellschaften sehr belasten kann.

5. Ebene
Selbstanerkennung
Kompetenzbewusstsein
Emotionale Selbstorganisation
Souveränität durch Wissen und Intuition
Potenziale erkennen und effizient nutzen
Kreativität, Entscheidungsfreude, Visionskraft
Zielsetzungsfähigkeit, soziale Führungskompetenz

4. Ebene
Bewusstsein der eigenen Verantwortungsfähigkeit
Fokussierung auf sich selbst
Selbstbewusstheit, Selbstbewusstsein
(Selbst-) Anerkennung, (Selbst-) Achtung,
(Selbst-) Vertrauen

3. Ebene
Schutz und Überleben in einem sozialpolitischen Netz
Verankerung in einer angemessenen, selbstgewählten,
Interessensgemeinschaft (kulturelle, politische,
religiöse Gruppe,
System / Gruppenbewusstsein)

2. Ebene
Geborgenheit, Schutz
im Bewusstsein der eigenen, natürlichen und
vollständigen Gruppe
(eigene Familie, Stammfamilie, Sippe, Volk...)

1. Ebene
Sicherung der eigenen Überlebensfähigkeit unter den er-
fahrenen Bedingungen (Anpassungsfähigkeit und Bereitschaft zum eigenen Wachsen);
Souveränität über die eigene Lebenszeit;
Grundversorgung in einem angemessenen Bewegungs-
raum mit Licht, Rhythmik, Sauerstoff, Wasser, fester
Nahrung, Anerkennung der eigenen Existenz; Gewähr-
leistung der erforderlichen &
angemessenen Rahmenbedingungen
zur Weiterentwicklung

Vom Sinnlichen und Schönen

*M*ichelangelo, *Da Vinci* und so viele andere haben mit ihren kühnsten Künsten versucht, den Menschen einen Zugang zu schenken für eine immerwährende Schönheit, die auch im *Samadhi* zu finden ist.

Viele Bilder und Skulpturen haben diese Schönheit eingefangen, um sie in Ruhe in einem Betrachter wirksam werden zu lassen. Sie enthalten Schwingungen einer Mystik, einem schwer zu begreifenden und angeblich Übersinnlichen, das jedoch mit unserem Herzen und mit all unseren Sinnen sehr wohl erlebbar ist.

Wirklichkeit begreifen kann nicht der Verstand, doch er will uns weismachen, dass es nur ihm gelingen könne. Unsere Fähigkeit und unsere Bereitschaft, etwas Größeres erfassen zu wollen, lässt uns in einer stillen Sehnsucht leben, die wir mit unseren gewohnten weltlichen Konzepten und Betriebs-bedingungen nicht erfüllen können. Denn der Verstand ist nicht das geeignete Gefäß dazu, er ist schnell fassungslos angesichts dessen, was das Herz erlebt, ins wirkliche Er-Leben bringen kann und will.

Schönheit liegt stets im Auge des Betrachters; sieht er die Dinge aus seinem Herzen heraus, aus der Liebe heraus, die anerkennen will und anerkennt, was Schönheit ihm schenken will - Dankbarkeit für das reine Sein und Anerkennung der Schönheit der Schöpfung, kommt er langsam und doch stetig hinter das Geheimnis des Lebens in das Geheimnis des Seins.

„Jede Schönheit, die hier von wahrnehmenden Menschen gesehen wird, gleicht mehr als alles andere der himmlischen Quelle, aus der wir ALLE stammen."
(Michelangelo)

DIE SCHÖNHEIT

DIE SCHÖNHEIT, MIT DER ICH LEBE,

IN MIR, IN MEINEM TAG, IN MEINEM BEWUSSTSEIN,

IN MEINER WAHRNEHMUNG, IN MEINEM MITGEFÜHL,

IN MEINEN ABSICHTEN, ENTSCHEIDUNGEN UND

HANDLUNGEN

DIE SCHÖNHEIT, DURCH DIE ICH LEBE,

DIE MIR DIE KRAFT GIBT, JEDEN TAG ZU SEIN,

SO WIE ICH BIN UND KANN

DIE SCHÖNHEIT, AUF DER ICH MEIN LEBEN GRÜNDE,

UM DIE BESTE VERSION MEINES SELBST HEUTE

ZU LEBEN UND STRAHLEN ZU LASSEN

Ich werde gehalten

Netzfund – Jeff Foster

In meiner kurzen Zeit auf diesem Planeten erlebte ich großen Kummer. Ich tauchte ein in die ozeanischen Tiefen der Verzweiflung. Ich wurde so tief in meine Einsamkeit hineingeworfen, dass ich dachte, ich würde niemals zurückkehren. Ich schmeckte die ekstatische Freude der Meditation, die leidenschaftliche Innigkeit der Liebe, den grausamen Schmerz der Trennung, die Freude des unerwarteten Erfolges und den Schlag plötzlichen Versagens.

Es gab Zeiten, in denen ich dachte, ich würde es niemals schaffen, Zeiten, zu denen meine Träume so ganz und gar zerschmettert wurden, dass ich mir nicht vorstellen konnte, wie das Leben jemals weitergehen könnte. Doch es ging weiter. Und manchmal fand ich Demut in der Verwüstung. Und aus der Asche einer eingebildeten Zukunft erwuchs oftmals neue gegenwärtige Freude, und keine Erfahrung war jemals umsonst gewesen.

Heute vertraue ich dem Leben ganz und gar, vertraue, selbst den Zeiten, in denen ich vergessen habe, wie Vertrauen geht, vertraue, dass das Leben nicht immer nach Plan verläuft, denn es gibt keinen Plan, nur das Leben. Selbst Zeiten größter Unsicherheit enthalten eine übergeordnete Intelligenz, und manchmal musst du fallen, um furchtloser zu sein, gütiger.

Und ich werde immer gehalten, auf eine Art, die ich nicht erklären kann und nicht erklären will. In nicht allzu weiter Ferne mag ich erneut zerschmettert werden. Ich mag weitere scheinbar unüberwindbare Herausforderungen und Verletzungen erfahren, doch ich werde immer gehalten. Ich werde immer gehalten.

Vom Geben
und Nehmen

Geben aus freiem Herzen ist das Gebot des wirklichen Menschwerdens. Sind wir bereit, zu geben, zu schenken, sind wir in der Lage, bedingungslos zu geben, können wir annehmen, was „zurückkommt". Unter Umständen auch nichts, zumindest nicht das, was wir, auch gewohnterweise unbewusst, erwarten. Die Schöpfung beschenkt uns mit dem, was wir zum Glücklichsein im Samadhi brauchen, nicht mit dem, was wir schon kennen und wollen. Nehmen wir es doch an!

Nehmen bedeutet Annehmen. Frei-willig. Ohne Konditionen, deren alleinige Anerkennung und Nutzung Verstand und Gewohnheit erzwingen wollen. Dies führt zu Verirrung, zu einer herz-haften, herzverhaftenden, Verfälschung, zu gefühlter Unvollständigkeit, zu Provokations- und Vermeidungsmustern - allesamt nicht hilfreich, um in „das Geheimnis" zu gelangen, um glücklich zu sein.

Dankbarkeit aus reinem, unbefangenem Herzen heraus, ist die natürlichste Währung aller Wesen; angeblich menschliche Bedingungen wollen die

Erkenntnis von Schönheit in gewohnten Formen von Geben und Nehmen verstecken, betriebswirtschaftlich erfassen und rationalisieren. Damit verbergen sie genau das, was sich uns zeigen möchte und glücklich sein lassen könnte. In Gesundheit und Frieden.

Grundannahmen und Glaubensmuster

Sie entstehen durch unbewusste Vorgaben aus Informationsfeldern, die wir den Erfahrungen von Sippe, Volk, Stammfamilie und Glaubensgemeinschaften zuordnen. Diese Bereiche oder *Felder*, mit den wir unbewusst intensiv verbunden sind, wirken in uns und definieren zahlreiche Vorgaben, die wir uns bewusstmachen können, um auch hier mit unserem freien Willen entscheiden zu können, welche Erfahrungen unserer Ahnen wir nutzen wollen und auf welche Weise.

Unsere eigene Existenz ist durch Zeugung und Geburt in einem universellen System unbewusster Bezüglichkeiten und Beziehungen an biologische Bedingungen geknüpft, die wir zum Beginn unserer Reise nicht kannten. Das Leben ist eine Reise durch die Erfahrungswelt, was alles unsere Existenz ausmacht, wie unser eigener Wille entsteht und was wir mit ihm bewirken können.

Unsere Erfahrungen und ihre Verankerung als Glaubensmuster sind die Leitlinien unseres Daseins. Wir benutzen unsere Erfahrungen, um unsere Wahrnehmung zu trainieren, unseren Wissensschatz und unser Bewusstsein zu erweitern und zu entfalten. Die meisten Überzeugungen sind nur *Leidlinien*. Das Leben gibt Gelegenheit zu dieser Erkenntnis und darüber hinaus zu wachsen, sich davon zu befreien.

Glaubensmuster sind Bausteine unserer Persönlichkeit. Sie definieren unser Fühlen, Denken, Planen, Entscheiden und Handeln. Jede Veränderung eines unserer Glaubensmuster verändert zeitgleich und automatisch unser Verhalten. Es macht viel Sinn, diese Grundbausteine geordnet zu betrachten, um lebensverneinende oder lebenseinschränkende Glaubensmuster aufzulösen und lebensbejahende Einflüsse zu unterstützen.

Das Zusammenleben unserer Vorfahren war immer von der Erlaubnis bestimmt, die von Führungspersönlichkeiten erwartet wurden. Ohne Erlaubnis für alles angeblich Mögliche konnte und durfte das Leben nicht stattfinden. In diesem Zeitalter erleben wir eine enorme Erweiterung unseres Wissens und unseres Bewusstseins, wir lernen die Kommunikationsmechanismen der Biologie kennen und verstehen, die ein bisher nicht gekannt Eigenständigkeit der Seele bewusstmachen will. Es gibt nur eine wichtige Erlaubnis: die, die ich mir selbst gebe.

Dies macht die ständige Orientierung an irgendeiner Erlaubnis von irgendjemandem immer mehr überflüssig. Dies führt automatisch zu neuen Formen des Zusammenlebens und der Zusammenarbeit. Wir dürfen zunehmend das Wissen, was wir haben, in Eigenregie anwenden und leben lernen. Allerdings führt dies auch zu neuen Herausforderungen in der Bereitschaft, eigene Verantwortung zu übernehmen. Die Schöpfung hat uns in allem zusammengesetzt, was wir sind und wie wir sind. Unsere Reise ist uns im Beginn unserer eigenen Menschwerden nicht bewusst und doch unserer Seele ein ganzes Stück weit bekannt. Im Augenblick der Zeugung erhalten wir mit dem Akt der eigenen Schöpfung ein Drehbuch des Lebens, in dem steht, was wir zu lernen haben. Wie wir dies tun, entwickeln wir aus unseren Verhaltensmustern und deren Wirkungen in uns und in unserer stofflichen Umgebung.

Unserem Bewusstsein ist der Verlauf der Reise in diesem Universum nicht bekannt. Die Angst vor dem Unbekannten begleitet uns mehr oder minder intensiv und umfangreich, und in vielerlei Weise. Viele Menschen stimmen daher ihrer Menschwerdung nur unter großem Vorbehalt zu. Sie unterschreiben oft nicht mit aller seelisch-geistigen Kraft und Zustimmung ihren „Inkarnationsvertrag" und versuchen, sich auf anstrengende Weise irgendwie durchs Leben hindurch zu winden, oft auch zu mogeln. Wer das Leben unbewusst als anstrengende Bürde bewertet, kann nicht mit ganzer Lebensfreude dabei sein und seine natürliche Kreativität leben. Der Glaubenssatz, das Leben sei anstrengend, mindert die grundsätzliche Lebens- und Entwicklungsbereitschaft und damit auch die alltägliche Beschlusskraft in allen Prozessen der Entscheidungsfindungen.

Damit entstand auch in uns der Glaubenssatz, „man hätte mich fragen müssen, ob ich zu dieser Reise überhaupt bereit sei". Viele Seelen bzw. die Persönlichkeit und gel. das Ego sind überzeugt, für diese irdische Reise überhaupt nicht geeignet bzw. bereit gewesen zu sein und halten an dieser Grundannahme ein Leben lang fest. Der Glaubenssatz dazu heißt: „Ich kann nicht, ich bin nicht vorbereitet und überhaupt hat mich nie jemand gefragt". Dies wäre unseren Eltern vor dem Zeitpunkt der Zeugung auch kaum möglich gewesen. Sie haben gelernt, in Ergebenheit zu dienen, so gut sie konnten. Denken und Fragen in jenen Themen, über die wir heute nachdenken und darüber philosophieren können und dürfen, ist erst den jüngsten Generationen dieses Planeten möglich und erlaubt. Seit Jahrtausenden gilt eine steile Hierarchie, in der vorgegeben wurde, was zu denken und zu äußern erlaubt ist. Zuwiderhandeln war und ist heute noch oft mit dem Tode bedroht: mit dem sozialen Tod durch Missachtung, Ausschluss aus einer Gemeinschaft, mit psychischem und körperlichem Leiden durch Folter oder mit dem körperlichen Tod.

Eine Seele kommt aus dem Universum in dem Bewusstsein, dass immer alles und zeitunabhängig (sofort) möglich und realisierbar sei, dass alles in diesem Universum nur diesem eigenen werdenden Leben diene und alles immer sofort zur Verfügung stünde.

Unser heutiges Bewusstsein von Freiheit im Denken, Fühlen, Beschließen, Äußern und Handeln erlaubt nicht, den gleichen Anspruch an vorhergehende Generationen zu formulieren, wir würden Unmögliches fordern.

Mit der Geburt entsteht der Glaubenssatz, dass dem Menschen nun ein lebenswichtiger Schutz fehle. Die Abnabelung führt den Menschen in die Erfahrung, dass die körperliche Nähe der Mutter und auch des Vaters nicht das entscheidende in seinem Leben sein wird.

Kinder übernehmen durch die Missverständnisse auf ihren ersten Lebensetappen – ganz sicher bereits in der Frühphase der Schwangerschaft! – oft eine Verantwortung für vieles, mit dem sie sich selbst in Bezug gesetzt haben, was aber so nicht hätte sein müssen. Dieses Verantwortungsbewusstsein wird durch das „Denken" des Kindes in einem „Alles-oder-Nichts-Gesetz" oft übertrieben: diese Kinder erleben, wenn sie nicht darin erkannt und daraus befreit werden, eine kontinuierliche Überforderung, weil die mit dem Maß ihrer vermeintlichen Verantwortung nicht in Frieden leben können.

Die natürliche Entscheidungsfreude eines Kindes wird oft durch Verhaltensweisen beeinträchtigt, die die Beschlusskraft der Kinder und des inneren Kindes im Erwachsenen lähmen. Letztlich kann dieser Mensch nicht wirklich erwachsen = frei werden, denn für die freie Entdeckung der eigenen Bedürfnisse, des eigenen Willens und der eigenen Möglichkeiten braucht jeder Mensch die ganze innere, durch Weisheit und Liebe und nicht durch Angst und Forderungen geführte Beschlusskraft im Sinne einer Gefolgschaft, Loyalität anderen gegenüber, Gehorsam fremden Menschen gegenüber.

Die Kraft der wirklichen, ursprünglichsten und wirksamen ganz eigenen Ent-Scheidungen führt zu einem Ziel, weil die „Ent-Scheidung" als Verbindung als wahr gefühlt wird, nicht als künstliche

Trennung von den ureigenen Absichten, Sehnsüchten, Bedürfnissen, Vorstellungen und Zielen.

Kinder fühlen oft, nicht willkommen zu sein. Das ist jedoch zumeist ihr eigenes Gefühl, nicht das der Eltern, das aus einem Trennungsbewusstsein zwischen dem innersten ICH BIN BEREITS und der gefühlten Pflicht zum absoluten Gehorsam entspringt. Oft bezieht das werdende Kind Gedanken und Emotionen aus seinem Umfeld auf sich, ohne gemeint zu sein. Menschen basteln sich grundsätzlich immer und immer wieder selbst Zusammenhänge und Bezüglichkeiten und daraus emotionale Bewertungen. Sie speichern diese Erfindungen als Erfahrungen ab, die mit der Außenrealität oft nichts zu tun haben. Viele Glaubensmuster spiegeln in erster Linie die eigenen Unsicherheiten, Ängste, Befürchtungen, Sorgen und Kümmernisse und sind keineswegs immer die Aktionen der Umgebung.

Missverständnisse sind an der Tagesordnung und gestalten aktiv als „Erfahrungsschatz" (Einbildung?) unsere Reise durch unser Leben. Sie sind die Impulse, die es als selbst gewählte Einschränkungen unseres Daseins zu erkennen und in Freiheit zu wandeln gilt.

Auf diese Weise basteln sich diese werdenden Menschen oft auch eine Schuld für den Tod geliebter

Menschen, vor allem von Familienmitgliedern und verzichten in ihrem Dasein auf eigene Bedürfnisse. Sie dienen zumeist anderen zuerst und opfern sich für ein bisschen Anerkennung durch andere auf, anstatt die eigenen Bedürfnisse zu erkennen, anzuerkennen und diese angemessen und bewusst zu leben.

Kinder, die sich in der eigenen Entstehungsphase nicht geliebt und genügend anerkannt fühlen, bleiben in der Regel in einem existenziellen Defizit an Lebenskraft stecken. Es beginnt ein Leidensprozess mit dem Glaubensmuster: ich bin nicht willkommen, ich habe hier nichts zu suchen, ich bin hier fremd, ich habe keine Heimat, ich bin herrenlos, machtlos, mehr oder minder unfähig zur Eigeninitiative, zur Kreativität, zu eigenen Lösungen, zu einer eigenen Lebensplanung, zum eigenen Erfolg. Oder weil sie nicht glauben können, dass sie tatsächlich hier auf der Welt richtig sind und sich nicht verirrt haben.

Viele Menschen glauben fest daran, ihnen stehe kein Erfolg zu, weil sie alleine durch ihre Existenz anderen geschadet hätten. Oft haben Menschen den Glaubenssatz, ein anderer Mensch hätte durch einen Verdrängungswettbewerb auf sein Leben und zumindest auf die guten Seiten seines Lebens verzichten müssen. Nicht selten hat diese andere Seele aus ganz eigenen Gründen nicht genügend Kraft gehabt zu einer eigenen Lebensfindung.

Manche Kinder machen freiwillig Platz, damit andere Seelen auf die Welt kommen können. In unserem begrenzten und polaren menschlichen Bewusstsein glauben wir oft, dass nur der eine oder der andere Mensch auf die Welt kommen dürfe; betrachten wir das ganze Universum als unser Zuhause, haben wir nur viele unterschiedliche Manifestationen des Lebens und wahrlich Platz genug im Universum.

Wichtig ist die Anerkennung einer jeden Manifestationsform von Leben, auch wenn wir sie noch nicht oder nicht mehr sehen und anfassen können. Der Tod ist nicht endgültig, genauso wenig geschieht das Leben auf dieser Erde alleine.

Die Erwartungshaltungen der kindlichen Seele an Mütter und Väter ist irrational und nicht erfüllbar. Mit der Mutter wird das absolut das Göttlich Weibliche identifiziert, der Geist nimmt eine transzendentale und geistige Vorstellung ins Irdische hinein und hält alles für möglich und für selbst verständlich. „Es kann gar nicht anders sein, als dass immer alles für mich möglich ist". Hieraus kann die Überzeugung entstehen, dass die ganze Welt nicht ohne diese eine (eigene) Persönlichkeit existieren und funktionieren könne.

Mit der Geburt übernimmt eine reifende Seele die Führung und bindet Erfahrungen des Körpers mit dem eigenen Wachstum und den Begegnungen mit einer Außenwelt in die innere Vorstellungswelt. Das „Innere Kind" wächst und reift an den Umwelterfahrungen. Umwelterfahrungen und Körpererfahrungen fließen mit den Erfahrungen der eigenen Phantasie und Interpretationen zusammen und bestimmen die Vorstellung des Kindes von sich und seiner Welt.

Das Sammeln von Erfahrung wird von den unbewussten Vorkenntnissen und Erwartungen der Seele abgekoppelt und immer mehr durch antrainierte und übernommene Bewertungen durch Erziehungspersonen und Erziehungsprogramme ersetzt. Zusammen mit Eltern und anderen Bezugspersonen entsteht eine Wertordnung im Individuum, die diesem in seinem Ursprung nicht entsprechen.

Dies führt immer wieder zu ganz neuen Erfahrungen, welche Erwartungshaltungen, Maßstäbe, Hoffnungen und welches Geschehen innerhalb des kindlichen Unbewussten im Alltag bestehen, was alles aus der Sicht des Kindes als möglich erachtet wird, was von dem Kind - gegen alle Erwachsenenlogik - ersehnt wird, was jeweils aus der Sicht des Kindes und aus der Sicht der Erwachsenen als erlaubt gilt, wer angeblich Verantwortung trage für das erlebte Geschehen und was biologisch möglich und angemessen sei.

Eltern verhelfen einem Menschen in seine Körperlichkeit, das Leben als solches beginnt schon früher und verläuft oft sehr viel länger. Die Entscheidung zur Menschwerdung obliegt vielen Faktoren, nicht nur den Eltern. Die Eltern haben alleine in der Regel nicht die Macht der Götter, die über Leben und Tod alleine entscheiden. Eltern haben sicher einen entscheidenden Teil der Verantwortung, aber auch sie sind eingebunden in Aktions- und Reaktionsmechanismen, von denen ihnen die wenigsten bekannt sind. Eltern sind somit nur im Rahmen ihrer menschlichen Begrenztheit gegenüber dem „eigenen" Kind verantwortungsfähig.

Es ist, z. B., nicht wichtig, ob die Mutter eine Schwangerschaft wollte oder nicht, entscheidend für einen jeden Menschen ist, dass das göttliche System dieses Leben geschaffen hat und ihn einbindet in eine unsichtbare, aber immer fühlbare Geborgenheit des göttlichen Systems, unabhängig von der Meinung einzelner Mütter oder anderer Personen. Wichtig ist, dass jeder Mensch das Geschenk des eigenen Lebens begreift und sich nicht auf das Verhalten von vorgesetzten Müttern und Vätern fixiert.

Jede Mutter bekommt ein Kind, weil sich der Wille der göttlichen Schöpfung darin zeigt. Jede Mutter ist eine Magd dieser Schöpfung. Wenn die Mutter sich als die einzig wichtige Bezugsperson ihres Kindes betrachtet, bleibt sie in der gleichen Emotion der Bedrohung und der Verlustangst gefangen, nämlich verlassen, abgelehnt, missverstanden ... werden zu können.

Die Geburt ist die Befreiung der Mutter von ihrer Funktion als „Geburtsgehilfin". Mit der Trennung der Nabelschnur übernimmt sie nur die Pflicht, nach ihren Möglichkeiten das Kind zu begleiten und ihm Vertrauen für die Gestaltung des eigenen Lebensweges mit Wissen und Intuition, mit Glauben an sich und mit Integration in den Familienverband zu schenken. Der Vater soll an ihrer Seite eine gleichberechtigte Rolle in seiner Verantwortung übernehmen, die Mutter soll ihm auf ihre bestmögliche Weise durch Achtung und Unterstützung im gemeinsamen Lernprozess diesen Platz sichern.

Das erste vermeintliche Selbstbestimmungsrecht von Kindern führt zu einem großen Missverständnis: sie wählen die Mutter als die einzig wichtige Bezugsperson auf der Erde / und die Mutter bedient sich ihrer eigenen Kinder, weil sie als Mutter (großes Kind) immer noch dem gleichen Missverständnis und dieser eigenen ersten falschen Annahme folgt. Unsere Annahme, verlassen worden zu sein, führt manchmal sogar zu dem Missverständnis, die Nähe von Mutter und Vater und auch anderen nicht verdient zu haben.

Die eigene und selbst gewählte Annahme, die Mutter und nicht das Universum / das Göttliche in uns selbst sei das Wichtigste, führt zu dem Missverständnis, ohne eine anwesende Mutter (Bezugsperson) nichts selbstständig entscheiden zu können. Solange wir uns von Einzelpersonen als Bezugspunkt abhängig machen, sind wir in der Abhängigkeit der körperlichen und einer vordergründigen, oberflächlichen Aufmerksamkeit.

Das Kind darf das Geschenk des Lebens als Zeichen des göttlichen, universellen Willens annehmen lernen. Dies zeigt sich an jedem Tag im Leben des Kindes, dass es grundsätzlich eigenes Vertrauen in die Anwesenheit aller Menschen schenken darf; es lernt, in allen Mitmenschen und allem, was existiert, eine tiefe gute Absicht zu erkennen; es lernt, somit jedem und allem die Chance zu geben, seine inneren Werten zu erkennen, zu zeigen und diese vertraulich und offen zu leben. Niemand muss sich hinter Maskierungen verstecken.

Die Möglichkeiten der Mutter sind begrenzt. Die Mutter ist nicht die weibliche Göttin, die Kinder in ihrer Grenzenlosigkeit und somit in ihrer Maßlosigkeit erwartet und für selbstverständlich halten. Die Mutter hat Rechte, die Mutter und Kind gleichermaßen anerkennen müssen. Die Mutter darf sich nicht "mit Haut und Haaren" ausschließlich diesem Kind (v)ergeben, sonst verzichtet sie auf ihre Liebe und ihren Respekt sich selbst gegenüber und sie begrenzt andere Familienmitglieder in ihren natürlichen Rechten innerhalb der Familie.

Väter und Mütter gehören nur sich selbst. Sie können sich stets widmen, wem immer sie mögen, wann, wie oft und wie intensiv. Mütter und Väter bekennen sich zu 100% zu ihrem Kind im Zeugungsakt, in der Schwangerschaft, in der Geburt und in den ersten Lebensjahren in der Erziehung der Lebensgrundlagen. Ihre Liebe ist grundsätzlich in der Empfängnis „bewiesen" und diese innere Beziehung zu uns kann nicht mehr verloren gehen, wenn wir uns dieses Geschenkes stets, tagtäglich bewusst sind.

Väter, Mütter und Kinder sind einander Begleiter, mehr nicht, auch nicht weniger. Niemand gehört einem anderen. Kinder gehören nicht ihren Eltern und Eltern gehören nicht ihren Kindern. Alle Väter und Mütter begleiten uns immer im kollektiven Un-

bewussten im System der unbewussten Bezüglichkeiten. Sie unterstützen uns nach ihren Kräften und
Fähigkeiten, nicht nur nach den Wünschen und Vorstellungen ihrer Kinder oder anderer Menschen.

Eltern sind da, um den Kindern das Leben zu schenken. Zudem zeigen sie den Kindern den Umgang mit
den täglichen Begriffen und Methoden des Überlebens und der Entwicklung. Großeltern und An-
verwandte dienen ergänzend der spirituellen Entwicklung, der Entwicklung besonderer Einsichten
und von einem Verständnis von Zusammenhängen
in größeren Dimensionen, jenseits der Erfordernis-
se des täglichen Überlebens. Auch das Anleiten in
Diskussionen über gesellschaftliche, politische und
historische Zusammenhänge sind eher Aufgabe von
Großeltern und Paten.

Die Annahme, von der Mutter nicht oder nicht
ausreichend gestillt worden zu sein, führt zu dem
Glaubenssatz, die Liebe der Mutter nicht verdient
zu haben und führt zu der Grundannahme für alle
Lebensbereiche, auf die Erkennung und Erfüllung
eigener Grundbedürfnisse verzichten zu müssen,
keinen Anspruch auf ein Lebensrecht und Lebens-
glück zu haben. Dies führt oft zum Verzicht auf Erfolg und Freude.

Kinder übernehmen oft die Verantwortung für erlebte Situationen, weil sie ihren Platz in dem universellen Zusammenspiel und in der Polarität zwischen der eigenen Person und der Mutter bzw. einer anderen Primärperson nicht kennen. Das Kind kennt bislang nur sich selbst und die Mutter (bzw. eine primäre Bezugsperson) als die entscheidenden Teilnehmer im universellen Spiel. Aus der Überbewertung der Bedeutung dieser beiden Personen leitet das Kind oft ab, entweder die geliebte Mutter oder es selbst sei an irgendeinem Erlebnis ursächlich beteiligt, verantwortlich, sogar schuld.

Bevor die geliebte Mutter als schuldig bewertet wird, übernimmt das Kind die Verantwortung und die Aufgabe, alle Antworten zu finden auf die grundlegendsten Fragen, die mit einem Erlebnis verbunden sind. Damit überfordert das Kind sich selbst erheblich, hat aber aus seiner Perspektive kaum eine andere Chance.

Um die über alles geliebte Muttergöttin in Schutz zu nehmen, wird eine vermeintliche Verantwortung oft auf den Vater oder sich selbst projiziert. Aus dieser Konfliktsituation heraus entstehen oft Maßlosigkeit, Orientierungslosigkeit, ein Mangel an Bezug zur angemessenen Verantwortung, die erforderlich ist für eine später erlebte Situation u.a. Es wird die

Aufgabe wird im Laufe der Entwicklung dieses Menschen sein, zu erfassen, welche Aufgaben für diese Menschen angemessen sind und welche Lebensstrategie somit erfolgreich sein kann, weil sie im Rahmen der angemessenen Verantwortung bleibt.

Es gibt auch Menschen, die in ihrer kindlichen Wahrnehmung verbleiben, dass im Universum grundsätzlich alles möglich sei, und leiten daraus ein vermeintliches Recht zu einer uneingeschränkten Herrschaft in der stofflichen Welt ab. Sie haben es oft schwer, zwischen Traum, Wunsch und physischer Realität zu unterscheiden und sind oft ungeduldig oder gar zornig, wenn ihre Visionen nicht oder nicht gleich umgesetzt werden können.

Augenblicksituationen, Erlebnisse, die nur einen sehr kleinen Moment dauern, können aus der Sicht eines Kindes in seinem Entweder/Oder-Weltbild zu einer Bewertung dieser Situation führen, die seine ganzen späteren und grundsätzlichen Bewertungsmuster mit einer Grundangst verbinden und lebenslang seine Verhaltensmuster prägen: Versagensängste u. a. führen oft zu Halbherzigkeit in den Entscheidungsfindungen.

Oft entsteht ein Schuldbewusstsein und / oder die Einschränkung der Erlaubnis an sich selbst, zu leben.

Die unterbrochene Kommunikation zu den Eltern führt gelegentlich zu der irrigen Annahme, nicht ohne Angst vor fatalen Fehlern kommunizieren zu können und zu dürfen. Gelegentlich wird sogar die eigene Menschwerdung und die Berechtigung zum eigenen Leben in Frage gestellt, weil die innere absolut sichere und bedingungslose Verbindung zu den Eltern übersehen, missverstanden oder gar vergessen wird.

Eine der wichtigsten und schönsten Erfahrungen für den Menschen ist, wenn seine Basisbedürfnisse ohne Pflicht zur Gegenleistung gesichert sind und er im biologischen und ethischen Sinne dazu ein grundsätzliches Recht hat, einfach zu sein. In so genannten modernen Gesellschaften wird dieses Recht auf die selbstverständliche Erfüllung dieser Basisbedürfnisse zwar gesetzlich irgendwie praktikabel geregelt, jedoch moralisch und faktisch immer mehr in Frage gestellt.

Die Grundangst der Menschen, lebensnotwendige Zuwendungen der Umwelt verlieren zu können, versagt zu bekommen, wird oft mit der Annahme verbunden, dieses Grundrecht auf dieses eigene Leben gar nicht erst verdient zu haben. Auch hier übernimmt das (innere) Kind oft eine Verantwortung, die es der Umgebung abnimmt und mit einer

„Eigenschuld" verbindet. Es gilt, Verantwortung grundsätzlich als Verantwortung eines jeden Menschen nur für selbst zu erkennen (jeder kehre vor einer eigenen Tür...) und die Verantwortung der Gemeinschaft darin zu sehen, dass sie jeden in dieser reinen Selbstverantwortung von Beginn des Lebens trainiert.

Aus ungeklärten Fragen zu einer lebenswerten Eigenverantwortlichkeit entsteht nicht selten ein Mangelbewusstsein. Dies kann dazu führen, dass sich ein Mensch das Grundrecht zu leben bzw. dieses Leben in all seinen Entwicklungsmöglichkeiten zu genießen, streitig macht bzw. verweigert. Die Aberkennung der eigenen Berechtigung zum Leben führt zur Ablehnung und Ausgrenzung der eigenen Bedürfnisse, Sehnsüchte, Wünsche, Hoffnungen und fördert ersatzweise Begehrlichkeiten.

Die Seele des Menschen braucht grundsätzlich aber die vollkommene Selbstanerkennung und die Gewissheit, sicherer Bestandteil des Universums zu sein. Das Ziel ist, dass jeder sich ein Lebensrecht gönnt, weil er lebt. Jeder Mensch verkörpert sein Existenzrecht. Da braucht es keinerlei Diskussionen mehr um Berechtigungen durch andere Menschen, wenn die Schöpfung sich bereits längst für das Individuum entschieden hat. Unsere eigene

Bewertung, nicht geliebt worden zu sein, führt uns zu dem Missverständnis, Glück nicht verdient zu haben, nicht glücklich sein zu dürfen, nicht glücklich sein zu können.

Im kindlichen Bewusstsein einer Vorstellung von „Alles oder Nichts" entsteht ein Zwang zur Bewertung zwischen Gut und Böse, hilfreich und nicht hilfreich, Erreichen-Können und Nicht-Erreichen-Können, zwischen Freiwilligkeit und Zwang, zwischen Sehnsucht und Ablehnung und anderen Aspekten, die unvereinbar erscheinen. Im neuen Weltbild von „Anerkennung und Zuversicht" (siehe in unseren Büchern „Der Kolibri-Plan" und „Die Reise des Kranich", lernen wir, immer mehr vermeintliche Gegensätze zu erkennen und Lösungen zu finden, welche die Bedürfnisse aller Beteiligten eines Lebens und einer Gesellschaft angemessen berücksichtigen können. Interesse, Toleranz und Kompromissbereitschaft werden immer mehr möglich durch eine Vertrauensbildung; wir verstehen mehr und mehr, in welchen Sackgassen und Unvereinbarkeiten wir durch Angst und Misstrauen geraten sind. Das Göttliche System, das Universum bedient sich der Menschen zur Erfüllung Seines Geschenkes, wir sind nicht Opfer, sondern seine wichtigsten Helfer, Seine Schöpfung mit Seinem Leben und Seiner Kraft zu füllen.

Kinder übernehmen durch die Missverständnisse auf ihren ersten Lebensetappen oft eine Verantwortung für vieles, mit dem sie sich selbst in Bezug gesetzt haben, was aber so nicht hätte sein müssen. Dieses „Verantwortungsbewusstsein" wird durch das „Denken" des Kindes in einem „Alles-oder-Nichts-Gesetz" oft übertrieben: diese Kinder erleben, wenn sie nicht darin erkannt und daraus befreit werden. Kann unser Unbewusstes wie unser Bewusstsein das lebensnotwendige Gefühl der selbstverständlichen Integration im Universellen System nicht entfalten, fühlt es sich nicht bedingungslos im Universum angenommen, kann es das Leben nicht unbeschwert genießen und lenkt seine Aufmerksamkeit auf Äußerlichkeiten, auf Ersatzbefriedigungen und Materielles.

Je nach der Situation, in die eine Seele hineingeboren wird, nimmt die Seele unendlich viele unterschiedliche emotionale Schwingungen wahr und lässt sich von ihnen entscheidend prägen. Die Seele übernimmt „Erfahrungen" anderer Wesen aus dem ganzen System der Bezüglichkeiten: dem Universum, insbesondere aus dem Erfahrungsfeld der eigenen Familie und somit auch immer Prägungen aus der Entwicklung dieser Familie als Volk, als Sippe, als Stamm. Unendlich viele stumme Prägungen fließen in die unbewusste „Festplatte" eines Menschen mit ein. Insbesondere die Grundemotionen der Angst, der Ohnmacht, der Enttäuschung, der Wut und Sorge des Familienfeldes fließen als „Gewissen" in die Entwicklung eines jeden Menschen ein. Je nach „Laune der Natur" (Seelenplan) ist die Zusammensetzung der Grunderfahrungen von Aspekten aus dem Universellen System der Bezüglichkeiten) der Freude, der Trauer, der Sorgen und vor allem des Zorns geprägt. Alles, was wir erleben, erleben wir aus einem Kontext heraus, in dem wir unsere Umgebung als Abhängigkeit erfahren bzw. interpretiert haben. Wir erleben, wir selbst bewerten und interpretieren. Wir haben uns zu jedem Zeitpunkt unseres Seins für meine persönliche Wahrnehmung entschieden. Das hat mit allen anderen Menschen nichts zu tun.

Im Laufe des Lebens erkennen wir die gute Absicht aller Menschen, die Missverständnisse und tiefen Verletzungen in unserer Herkunftsgeschichte zu erfahren und zu heilen. Diese guten Absichten sind immer vorhanden, wenn auch sehr oft bis zu Unkenntlichkeit verborgen. Angst und Ohnmacht, Wut und Verzweiflung, Sorgen und Überlebenskampf, tiefe Trauer über so viele unfriedliche und ungeklärte Beziehungen und Fragen in dieser Herkunftszeit prägen alle unsere unbewussten Glaubensmuster, alle Verhaltensformen und unsere sozialen Beziehungsmuster. Die allermeisten Erfahrungen dieser

Art sind Missverständnisse, die es als solche zu erkennen und gemeinsam als Teil unserer Menschlichkeit zu akzeptieren gilt.

Die Erfahrung der eigenen Individualität geht einher mit der Herausforderung, alle Erlebnisse und alle Gegenstände, Themen und Überlegungen zu prüfen, ob sie „zu mir" oder „zu einem anderen" gehören; jede Wahrnehmung unterliegt dieser Prüfung; dies ist eine wesentliche Grundlage für unsere Entscheidungsschwierigkeiten und für unsere Einmischung in die Angelegenheiten eines anderen Menschen. Alle unsere Wahrnehmungen sind ein Spiegel unserer sehr komplexen unbewussten Situation und der Wirkungen aller Erfahrungen in unserem gemeinsamen System der Bezüglichkeiten (Familie, Volk, Sippe, gewählte Gruppe, Religion u.a.). Das ungeborene Kind ist mit dem Universum auf eine Weise verbunden, die es ihm unverständlich macht, dass der „logisch" denkende Erwachsene seinem Verständnis nicht folgen kann. Es fühlt sich nicht verstanden. Das Kind erwartet aber ein vollkommenes Verständnis seitens der Mutter, oft auch seitens des Vaters für seine individuelle Sichtweise und sein „universelles Weltbild", das der anerzogenen Erwachsenenlogik nicht entspricht. Manche Kinder bleiben mit einem Teil ihrer Seele in dieser Erwartungshaltung, ihr inneres Kind trauert um eine Beziehung, die es nicht versteht, in der es sich „nicht abgeholt fühlt, wo es steht".

Das Kind ist mit seiner Abhängigkeit von System der Mutter zufrieden, doch mit der Geburt in den drei Phasen der Einleitung, des Durchtritts durch den Geburtskanal und der Austrittsphase, ändert sich alles: das Leiden beginnt, die Erwartungshaltung auf friedliche Kommunikation wird durch das Erlebnis von Fremdbestimmung u. a. oft in Misstrauen geführt, das Urvertrauen wird eingeschränkt oder geht gar verloren.

Angst vor Fremdbestimmung, Abhängigkeit und Missbrauch führt zu Fremdbestimmung, Abhängigkeit und Missbrauch. Unbewusste Erwartungshaltungen bzw. Befürchtungen erfüllen sich nach den Erfahrungen der Quantenphysik und der Erfahrungswissenschaften immer selbst. Aus einer ersten selbst gewählten Falsch-Annahme resultiert oft Angst vor Entscheidungen insgesamt und sehr oft de Angst, falsch und unangemessen zu entscheiden. Dies verhindert ein Wachstum eines schuldfreien Selbstbewusstseins, weil die Angst vor jeder möglichen Fehlentscheidung dominiert. Die Folge sind Selbstzweifel, Zweifel an Entscheidungsprozessen überhaupt, Selbstbestrafung, Selbstunterdrückung und Verzicht, Selbstmitleid und Selbsthass.

Je mehr die Liebe der Eltern gefordert wird, desto weniger kann sie freiwillig geschenkt werden, desto mehr grenzt sich das Kind selbst aus; Liebe kann nur wirksam sein, wenn sie bedingungslos ist und aus reinster Liebe und Freude heraus geschenkt wird. Liebe kann man nicht einfordern und nicht kaufen, ganz gleich, was man in einem solchen Tauschhandeln zwischen Kind und Mutter (Eltern, Familie) als Gegenleistung anbietet. Das Kind darf dabei lernen, dass es nichts erwarten und nichts befürchten muss, keine Forderungen zu stellen braucht, um in sich geborgen zu sein, um mit der Zeit Zugang zu finden zu den eigenen Grundlagen und Potenzialen seiner letztlich gewünschten Eigenständigkeit.

Basisbedürfnisse gehören zu unseren existenziellen Grundrechten. Zuerst müssen die Basisbedürfnisse des Lebens authentisch und vollständig befriedigt sein. Dann erst können wir auf einer nächsten Entwicklungs- und Bewusstseinsebene erfolgreich sein und in Gelassenheit leben. Sind unsere Basisbedürfnisse nicht gewiss und selbstverständlich gesichert, helfen uns Übersprungshandlungen, materielle Ersatzbefriedigungen und kompensatorische Verhaltensmuster auf einer „höheren" Ebene nicht weiter. Sie führen zu Verhaltensmustern, die keine angemessene Antwort auf die unbefriedigten Basisbedürfnisse sein können. Ersatzhandlungen führen nicht zum Ziel. Wir gelangen dann nur über (oft zahlreiche, langwierige, schmerzliche und teure) Umwege zu der Erkenntnis, dass eben nur die Basisbedürfnisse zuerst befriedigt werden müssen und in welcher Reihenfolge.

Unser Entwicklungsprozess beginnt mit der Gewissheit, dass alles im Universum ein Ganzes ist. Im Laufe der bewussten Beschäftigung mit unserem Menschsein verdrängen wir oft dieses Bewusstsein so weit, dass wir unsere natürliche Sehnsucht in der gewohnten angeblichen „Realität des Lebens" nicht mehr wahrnehmen und wir somit dafür sorgen, dass wir immer weniger im Alltag mit unserer tiefsten Sehnsucht nach Einheit und Frieden in Kontakt sind. In Verbindung mit unserer Neigung, unangemessene Verantwortlichkeiten leben zu wollen und mit dem daraus folgenden Glaubenssatz, dass uns Erfolg und Reichtum nicht zustünden, führt dies oft zur rigorosen Ablehnung einer friedlichen Kommunikation als Reaktion der Selbstverurteilung und der eigenen Hilflosigkeit, einer gefühlten Ohnmacht und Ausweglosigkeit.

Je nach der Situation, in die ein Mensch hineingeboren wird, nimmt er unendlich viele unterschiedliche emotionale Schwingungen intuitiv wahr und lässt sich von ihnen entscheidend prägen. Er übernimmt

„Erfahrungen" anderer Wesen aus dem ganzen System der Bezüglichkeiten: dem Universum, insbesondere aus dem Erfahrungsfeld der eigenen Familie und somit auch immer Prägungen aus der Entwicklung dieser Familie als Volk, als Sippe, als Stamm. Insbesondere die Grundemotionen der Angst, der Ohnmacht, der Enttäuschung, der Wut und Sorge des Familienfeldes wirken als Tradition und (Familien-) „Gewissen" in der Entwicklung eines jeden Menschen und definieren einen *wesentlichen* Anteil unserer Persönlichkeit.

Jedes Individuum will anerkannt sein. Die Geborgenheit in der Familie ist die Voraussetzung, um einen inneren Schutz und eine Stabilität der eigenen Persönlichkeit des Kindes aufzubauen. Zweifel an der Integration in der Familie unterstützen ein Opfer- und Krankheitsbewusstsein. Wird die Integration in die Familie vom Kind in Frage gestellt, fühlt sich das Kind ausgegrenzt oder von Ausgrenzung bedroht. Dies führt oft zu einer Grundannahme, hilflos und schutzlos zu sein.

Oft erleben wir viele Erfahrungen aus einem Kontext heraus, in dem wir unsere Umgebung als Abhängigkeit erfahren bzw. interpretiert haben. Wir erleben aktiv, wir nehmen aktiv wahr, wir selbst bewerten und interpretieren.

Wir haben uns zu jedem Zeitpunkt unseres Seins für unsere ganz persönliche Wahrnehmung entschieden. Das hat mit allen anderen Menschen nichts zu tun. Dies ist unsere ureigene Verantwortung. Kinder, die sich in der eigenen Entstehungsphase nicht geliebt und genügend anerkannt fühlen, bleiben in der Regel in einem existenziellen Defizit an Lebenskraft stecken. Es beginnt ein Leidensprozess mit dem Glaubensmuster: ich bin nicht willkommen, ich habe hier nichts zu suchen, ich bin hier fremd, ich muss meine Heimat suchen, ich habe keine Heimat, ich bin herrenlos, machtlos, unfähig zur Eigeninitiative, zur Kreativität, zu eigenen Lösungen, zu einer eigenen Lebensplanung, zum eigenen Erfolg.

Aus der Angst, etwas nicht zu dürfen, kann eine ganz besondere Angst vor Bevormundung entstehen, die zudem den eigenen Willen fördert, vermeintliche Widerstände alleine überwinden zu wollen, den eigenen Willen zu fördern wo immer es geht und in dieser bewussten Absicht bis an die Grenzen des Möglichen zu gehen: Es gilt der Grundsatz: Ich will und ich will können. Nicht immer führt dies zum erwünschten Ziel, das im Übrigen ja eben oft nicht bekannt ist; immer aber geht um den Gewinn mit einer neuen Erfahrung.

Jedes Kind hat Erfahrungen, die ihm heilig sind. Kennt die Umgebung diese für das Kind so wichtige

Heiligtümer nicht, übergeht die Umgebung regelmäßig lebenswichtige Bedürfnisse des Kindes. Daraus folgen oft Grundhaltungen der inneren Abwehr und Vermeidungsstrategien. Manchmal auch eine Haltung eines übertriebenen Gehorsams, um endlich die gewünschte Anerkennung für vieles zu erhalten. Die Absicht, endlich ein bisschen Anerkennung in der Familie zu haben, führt entweder in eine Aktivität oder gar Überaktivität oder in eine Zurückhaltung bis zur Depression und zur Regression.

Kinder wollen eine eigene Meinung aufbauen, eine eigene Persönlichkeit entfalten, die sie alle schon haben, aber von Erwachsenen oft nicht erkannt oder nicht ernst genommen wird. Die Angst, das Ansehen der Familie könnte darunter leiden, führt die Eltern oft in eine schwierige Lage, die oft erst durch eine Zuspitzung der Begebenheiten in einer manchmal lebensbedrohlichen Situation gelöst wird. Die Scham der Eltern für ihre eigene Unsicherheit, Angst, Ratlosigkeit, Entscheidungsunfähigkeit aus vielerlei Gründen ist oft so groß, dass lieber das Kind geopfert wird als eine vermeintliche und angebliche Schande einzugestehen.

Kommunikation muss langsam und Ziel führend gelernt sein. Botschaften von Erziehungspersonen sind immer gut gemeint und immer optimal missverständlich. Eltern haben ein anderes Denken,

Fühlen und eine andere Sprache. Missverständnisse können erkannt und ausgeräumt werden. Vermeiden kann man sie sehr oft nicht, weil die Möglichkeiten, eine Botschaft anders zu verstehen, vielfältig sind und eine weitergegebene Botschaft daher nicht „falsch" sein muss.

Kinder empfinden Spannungen immer und reagieren auf ihre Weise darauf. Oft können sie auf diese Weise die Erwachsenen anders und besser zu Verständnis und Harmonie führen als Erwachsene dies unter einander könnten. Kinder machen die Erwachsenen oft auf die wirklichen Werte unseres Zusammenlebens aufmerksam. Kinder glauben oft, nicht so sein zu dürfen wie sie sind, weil sie nicht wirklich in unserem Sinne wissen, wie sie sind. Zudem wollen sie einfach nur angenommen sein, wie sie sind und nicht ihre Persönlichkeit aufgeben, bevor sie eine solche komplett ausgebildet haben. Dazu brauchen sie die Geborgenheit und eine bedingungslose Liebe in der Familie, nicht ihr Gemecker und ihren Tadel. Andersartigkeit ist ein Angebot, in dem alle Beteiligten reifen können. Sie mögen die Chance dazu sehen und reifen wollen. MUT sollen sie haben.

Der Weg ins *Samadhi* ist eine Einladung, sich all dieser Zusammenhänge bewusst zu werden und sie dann hinter sich zu lassen. Es gilt, das Geschenk des

Lebens, der inneren Freiheit in wirklicher Liebe zu erkennen und zu genießen, das im Einklang steht mit einer göttlichen, universellen Ordnung, jenseits aller menschlichen Konstrukte und Einschränkungen. Dieser Erfahrungsweg kann uns helfen, das eigene Dasein ganz neu auszurichten und sich von den typisch menschlichen und gesellschaftlichen Konditionierungen mehr und mehr zu befreien.

Die Welt der Frequenzen

Alles besteht aus Energie, alles zeigt sich als ein unendliches Meer von Schwingungen, die ihre Wirkungen als elektromagnetische Wellen und als Teilchen sowie in vielen anderen Phänomenen mitteilen. Frequenzen spielen somit eine absolute Basis für alles Leben, so auch für unsere Bewusstseinsbildung, vielleicht sogar die einzig wirkliche.

Manche Frequenzen hören wir, noch viel mehr spüren wir, erfühlen sie, doch ohne sie klassifizieren, bewusst einordnen zu können. Viele technische Geräte helfen uns dabei, sie überhaupt erkennen und auch nutzen zu können. Musik können wir hören und ihre Wirkung spüren, bei der Kommunikation von Pflanzen und Tieren brauchen wir schon ein intensiveres Training, um sie wahrnehmen zu können. Noch mehr Training sollten wir uns gönnen, um mit Pflanzen, mit Tieren und mit der ganzen Natur in uns und um uns herum, freudvoll kommunizieren zu können.

Dies betrifft also unseren ganzen Lebensraum, unser gemeinsames Biotop, das wir in der Natur aller Dinge erfahren lernen können und dürfen; denn es ist ein ungeheurer Gewinn für unsere Lebensqualität, unser Bewusstsein für all das, was ist, was lebt und was uns nähren kann und mag.

Immer geht dieser Lernprozess mit einem kindlichen Staunen einher, was uns gewohnheitsmäßig entging: Immer mehr geht es auf dem Weg in den eigenen Frieden und ins *Samadhi* um das tiefe Erkennen und das Genießen einer Welt, wie sie ist und uns hilft, immer wieder in eine natürliche Balance du Widerstandsfähigkeit zu gelangen; ohne Anstrengung und Leistung im üblichen Sinne, nur mit Interesse, Achtsamkeit, Gewahrsam sein, wieder auf die eigene Intuition mehr und mehr vertrauen zu lernen.

Dies führt zu einer inneren Ruhe, gelegentlich auch zu emotionalen Erregungen; und mit der Zeit zu einer natürlichen Bereitschaft, sich zu klären, zu reinigen von allem, was wir nicht brauchen, um uns gesund und kraftvoll zu fühlen. Letztlich führt dieses zu einer immer tieferen Erkenntnis von dem, was wir sind, was uns ausmacht und was uns nähren will. Und auch von dem, was uns schadet, weil wir es übergangen haben.

So nähern wir uns mit der Beschäftigung, dem bewussten Wahrnehmen von vielen Frequenzen, unserer heilenden Quelle und wir spüren Freude, Bewegung im innersten und lernen, mit dem Neuen zu tanzen.

Wichtige Frequenzmuster der Natur eigen sich in den *Solfeggio-Frequenzen*, die ihre optische Darstellung in der Herzgeometrie erkennbar machen so wie im Erleben des Feng-Shui, der Geomantie, der Baubiologie und anderen Bereichen auf die ich in meinem Buch „Integrale Unternehmensgestaltung" sowie auch immer wieder in den Büchern „Der Kolibri-Plan" näher eingehe.

Die *Fibonacci-Formel* ist eine mathematisch-optische Darstellung von der Grundorganisation der Natur, von kosmisch-mathematischen Mustern, die uns viel von der zuvor beschriebenen Kosmischen Symphonie erleben lassen. Deren Kenntnis und Anwendung kann im Alltag sehr helfen, heilende Frequenzen bewusst zu erkennen und zu genießen. Dies befreit unsere Herzenergie, löst zahlreiche Blockaden in unseren Zellen, lässt uns ihre wohltuende Wirkung erspüren und anderen mitteilen.

Fibonacci- und Solfeggio-Frequenzen sind bio-logische Algorhythmen, die uns helfen, das gewohnte Gefühl und die gewohnten Lebensmuster von Trennung von Vorstellungen und Menschen zu überwinden und die unendlich vielen und schönen Gemeinsamkeiten von uns selbst mit allem, was ist, zu erkennen und als unsere bio-logische Normalität zu erkennen und zu genießen. Wir erleben ein Stück von der Verbundenheit, in der schon viel in diesem Buch berichtet wurde. Es erlaubt uns ein neues Bewusstsein der eigenen Schöpferkraft aus der gemeinsamen Quelle. Sie machen wieder lebendig.

Wer sich mit diesen Frequenzen näher beschäftigt, wird immer mehr fasziniert sein von den Möglichkeiten, zu sich selbst und zu einander zu finden, seine Wünsche und wirklichen Lebensziele zu erkennen und zu realisieren. Wer also Ziele und Visionen hat, mag diese über das Hören, das Singen und Musizieren diese von der Natur realisieren, materialisieren zu lassen.

Tanzen ist ein äußerlicher Ausdruck von dem, was uns in Schwingung versetzen kann und will; alles in uns will eigentlich nur tanzen und zwar genau in jenen Mustern, die uns über die o. g. Frequenzmuster das Erleben lassen können, wonach wir uns sehnen.

0,1 Hz ist die Frequenz einiger Nervenzellen in unserem Herzen, im Sinusknoten; sie stimmt uns ein auf die kosmische Symphonie, die wir als heilende Ordnung in all unseren Systemen auf der Erde erleben können. Diese Frequenz ordnet all unsere innerste Kommunikation mit unserem Innersten, Höchsten, Nähesten und Weitesten unseren innersten Kosmos.

Viele Frequenzen führen, nach manchen Autoren, zu Leid:

0,2 bis 2,2 Hz Furcht
0,9 bis 6,8 Hz Gereizt sein / Anspannung
0,6 bis 2,2 Hz Lärm / laut sein
0,8 Hz Stolz
1,9 Hz Überlegenheit

Die nachfolgenden Frequenzen führen uns zurück in die *Kosmische Symphonie*, beispielsweise

95 Hz Großzügigkeit
120 Hz aufwärts Gebet
150 Hz aufwärts Dankbarkeit, Mitgefühl

Wenn wir die ganze Macht der Zahlen 3, 6 und 9 kennen, dann halten wir den Schlüssel zum Universum in der Hand. Diese drei Zahlen bilden die Wurzel der Schwingungen der *Solfeggio-Frequenzen*. Frequenzen sind „elektromagnetische Musiktöne". Das Universum ist eine wunderschöne und unerschöpfliche Symphonie von Klängen und Melodien.

Jedes Lebewesen hat seine Grundmelodie, jede Pflanze kann „singen" und sich mit anderen Pflanzen orchestral synchronisieren; Bäume stehen über weite Strecken (die es im Unbewussten nicht wirklich gibt) im Kontakt und dies intensiv im Abgleich mit den anderen und auch allen tierischen Lebewesen. Stets geht es um die Synchronisation innerhalb eines Lebens- = Wirkungsraumes.

Verwenden bzw. „be-tonen (ver-tonen)" wir die Frequenzen 3 -6 -9 - 6 -3 -6 -9 ... und pflegen wir eine regelmäßige Reihenfolge in dieser Weise, gelingt eine fast automatisierte Selbstregeneration. Sie wird zur „weisen Weise" (Melodie) und führt in eine Zentrierung und Natürlichkeit des eigenen Seins. Dies sind Nikola Tesla´s heilige Zahlen.

Wenn wir diese Frequenzen hören und spüren, erhalten wir ein Gleichgewicht unserer eigenen Energien und Energie-flüsse. Unser physischer Körper ist Energie mit hoher Dichte und schwingt bei niedrigeren Frequenzen in Angst. Durch das Hören und Spüren dieser Frequenzen lösen wir die verdichtete Materie auf und erhöhen unsere Schwingung. Das ergibt Leichtigkeit und Heiterkeit, wie bei den weltberühmten Messen von Mozart und anderen Künstlern, welche sehr gut in der Lage sind, bereits Babys im Mutterleib glücklich und gesünder zu machen, ihre Schwingungsheimat in steter Erinnerung zu halten.

432 Hz ist die natürliche Musik des Universums, die mit dem menschlichen Herzchakra schwingt und unsere DNA erneuert. Die ganze Natur schwingt vornehmlich in der Grundfrequenz von 432 Hz.

Wenn wir alle Solfeggio-Frequenzen addieren, erhalten wir immer die Zahl 9:

$174 + 205 + 285 + 396 + 417 + 528 + 639 + 741 + 852 + 963 = 4995 = 4 + 9 + 9 + 5 = 27 = 2 + 7 = 9$

174 Hz: Entfernt Schmerzen, leicht betäubend, schmerzlindernd, gibt Geborgenheit und Liebe

205 Hz: fördert bedingungslose und universelle Liebe

285 Hz: fördert die Geweberegeneration, aktiviert positive Energien

396 Hz: befreit von Angst und Schuldgefühlen. Linderung von Schuldgefühlen, Angst, Traurigkeit

417 Hz: erleichtert Veränderungen, hilft, negative Energien und unbewusste Blockaden in unseren

tiefen Überzeugungen, ungesunden Denkmustern und schlechten Gewohnheiten zu lösen

432 Hz: natürliche Musik des Universums, die mit dem menschlichen Herzchakra mitschwingt und unsere DNA erneuert; deshalb fühlen wir uns in der Natur wohl und glücklich. Geldfluss, Wohlstand. Das Zwitschern der Vögel, alles in der Natur vibriert mit 432 Hz.

528 Hz: repariert unsere DNA, bringt Herzöffnung, Frieden und Freude, Geldfluss, Wohlstand
639 Hz: heilt Beziehungen, verbessert Kommunikation, Verständnis, Toleranz und Liebe, erzeugt positive Energien, verbindet mit Seelenverwandten

741 Hz: Erweckt Intuition, reinigt von neg. Energien und Giftstoffen, entspannt

852 Hz: Verbindet mit höheren Wesen, stärkt Intuition und innere Stärke, sensibilisiert und ermöglicht eine Rückkehr zur spirituellen Ordnung

963 Hz: Verbinden mit Licht & Geist. Frequenz der Zirbeldrüse. Es verbindet uns mit der Quelle.

Achtung: 440 Hz: Diese Frequenz ist nicht natürlich und erleichtert Manipulation.

Portale, Initiationen zu weiteren, zumeist ungewohnten „Bewusstseinsebenen" werden durch Klangfrequenzen geöffnet. Wenn zwei Akkorde in Oktaven schwingen, erzeugen sie eine Resonanz, die Portale öffnen kann. So würden die Pyramiden funktionieren, sie streuten eine Frequenz in die ionische Sphäre [unter Verwendung von monoatomarem Gold als Supraleiter als intelligenter Staub, um die Informationen mit Lichtgeschwindigkeit zu übertragen].

Die Große Pyramide von Gizeh strahlt die Frequenz von 432 Hz aus. Andere Pyramiden haben andere Frequenzen. Und sie liegen auf horizontalen Linien. Wenn sie in Resonanz gehen würden, würde das auch unsere Chakren aktivieren, unser kristalliner Körper würde aktiviert werden. Da die Pyramiden auf bestimmte Konstellationen ausgerichtet sind, würden wir in Harmonie mit dem Universum „singen" [https://t.me/joinchat/UDhEMir3-8gZfXGg].

Frequenzen der Farbe Violett (Magenta) sind für Naniten / Nanobots unangenehm und führen zur ihrer Implosion. Naniten (Nanozyten, Nano-Viren oder Nanobots sind kleinste „Maschinen", die nur unter dem Mikroskop sichtbar sind und auf elektromagnetische Impulse hin in alle Richtungen strukturiert und programmiert wachsen und als elektromagnetische Antennensysteme fungieren) finden wir seit vielen Jahren in sehr vielen Dingen unseres Alltags: in „Nahrungsmitteln", Getränken und Kosmetikprodukten. Deshalb sind Heilfrequenzen zur Reinigung des Körpers von NanoBots für jeden Menschen täglich zu empfehlen.

Musik; unser Alltag mag uns, übrigens auch leise und unterhalb der Hörschwelle wirksam, mit diesen Frequenzen beschenken. Das nennen wir gute Musik... Alles Chaotische und Aggressive ordnet und stärkt uns nicht, führt zu Aggression, Feindschaft, Trennung.

Wunderschön ist es, die Sprache der Pflanzen hörbar machen. Kleine elektronische Geräte vermögen dies und mit ihnen kann man sich ganz in die Kommunikation von Pflanzen und Bäumen einschwingen. Keine Traumwelt künstlicher Melodien, sondern jene Schwingungen, die uns natürlicherweise umgeben und uns einbetten in eine natürliche Gesamtkommunikation, die uns oft fehlt und so guttut. Pflanzenmelodien lassen uns erfühlen und hören, in welcher Welt wir wirklich leben und was uns gesund und fröhlich hält. So können wir immer wieder einem wunderbaren Pflanzen-Orchester lauschen, in der Musik unserer heimischen Pflanzen zu baden.

Der Keltische Hain ist eine Anordnung von Sträuchern und Bäumen, die schon in alter Zeit dazu dienten, den Menschen etwas Freundliches zu singen – man muss ihnen halt nur lauschen und mit ihnen plaudern...

Eine schöne Idee, finde ich, ist es, einem Orchideengarten zu lauschen. Orchideen geben uns wertvolle Signale der Heilung, sie sind ein Paradies für sich. Ein einfaches und wertvolles Werkzeug einer natürlichen, integralen Gesundheitspflege. Mit einfachen technischen Geräten kann man ihre Sprache hören und sich Zugang zu der Welt einer biologischen Kommunikation schenken, die wir noch nicht gewohnt sind; außer bei jenen, die sich bereits in einer intuitiven Kommunikation mit Pflanzen bewegen.

Hilfreiche Ergänzungen
Täglich 20 – 40 Minuten Anwendung der Frequenzen für 7 Tage, danach im Wechsel 2 Tage aussetzen, dann wieder 7 Tage lang wiederholen und dieses Protokoll nach Bedarf fortführen. Dazu reichlich sauberes, nach Möglichkeit energetisiertes Wasser zu trinken, Kräutermischungen, Tees, Blutreiniger.
1 x täglich einige Tropfen reines Oregano-Öl auf ca. 150 ml Wasser trinken.

Tägliches Basenbad (Dr. Jentschura: „Meine Base" nährt das Bindegewebe durch Entsäuerung, reinigt somit intensiv, fördert den Lymphabfluss und eine Gewichtsabnahme).

Mögliche Heilsymptome: Hitzewallungen, Übelkeit, Müdigkeit, spürbare Krabbelbewegungen unter eurer Haut und Kopfschmerzen, während des Zuhörens. Diese Reaktionen sind völlig normal, da die NanoBots „explodieren". Weiterhin sind nächtliche Ausscheidungen zahlreicher schwarzer Naniten nach ca. 2-3 Tagen der Anwendung über den Schweiß der Haut möglich.

Der Augenblick
Vom „Ollen Hansen"

Es war einmal ein Augenblick,

der schaute unverfänglich

Jetzt hat er lebenslänglich

Samadhi

Nicht jeder Berg muss bezwungen werden,
manchmal kann man ihn einfach versetzen lassen

Wenn man beharrlich daran glaubt,
wird die Geistige Welt dies tun

Wenn, wann und wie es
in Deinem Seelenplan vorgesehen ist

Samadhi

Das schier Unfassbare genießen

Samadhi

Das Einfache und Wertvolle

im Gegenwärtigen lieben

Samadhi

Natürliche Kräfte bündeln, nährt

Samadhi

Erkenne das Leben in allem und erfreue Dich

Samadhi

Erkenne und genieße Deine Reise aus eigener Kraft

Samadhi

Geh Deinen Weg und hinterlasse keine sichtbare Spur

Niemand anderes kann Deinen Weg gehen

Nur ein Sufi spürt vielleicht Deinen Geist, den Du hinterlässt

Notizen

Notizen